会计热线

为你答疑解惑

KUAIJI REXIAN

王秀霞◎著

立信会计 出版社

LIXIN ACCOUNTING PUBLISHING HOUSE

图书在版编目(CIP)数据

会计热线:为你答疑解惑/王秀霞著. —上海:立信会计出
版社,2013.8
ISBN 978 - 7 - 5429 - 3982 - 1

Ⅰ.① 会… Ⅱ.① 王… Ⅲ.① 会计学—问题解答
Ⅳ. ① F230-44

中国版本图书馆 CIP 数据核字(2013)第 171301 号

会计热线——为你答疑解惑

出版发行	立信会计出版社			
地　　址	上海市中山西路 2230 号		邮政编码	200235
电　　话	(021)64411389		传　　真	(021)64411325
网　　址	www.lixinaph.com		电子邮箱	lxaph@sh163.net
网上书店	www.shlx.net		电　　话	(021)64411071
经　　销	各地新华书店			

印　　刷	上海肖华印务有限公司		
开　　本	787 毫米×960 毫米		1/16
印　　张	14.25		
字　　数	194 千字		
版　　次	2013 年 8 月第 1 版		
印　　次	2013 年 8 月第 1 次		
印　　数	1—5 000		
书　　号	ISBN 978 - 7 - 5429 - 3982 - 1/F		
定　　价	35.00 元		

如有印订差错,请与本社联系调换

前　言

　　如果你是会计初学者,是不是有如下困惑:学会计的时候不求甚解,当会计的时候一知半解,有太多的"不清楚""为什么""怎么办",工作后面对业务难题不知所措,因为很多都是书本上没有的问题,苦于无处咨询,很希望有个师傅在身边指导。

　　这本书第一次出版的时候,是按《小企业会计制度》写的,如今《小企业会计制度》已经被《小企业会计准则》所取代,因此我们对本书做了修改;当时,交通运输业、服务业还在缴纳营业税,如今,那些行业的营业税已经被增值税取代,为此也做了更新。

　　看过《跟妈妈学会计》的人都知道,那本书是按账务流程写的,讲的是会计知识、账务处理、财务报表。《会计热线——为你答疑解惑》主要讲与会计工作密切相关的小问题,比如:验资后注册资金就被转走了怎么办? 公司成立快1年了一直没建账要怎么处理? 支出的票据不是发票能入账吗? 等等,都是日常工作中经常遇到的实际问题。

　　在这本书里,有些问题可能是你正想知道的,有些问题可能是你关心的,有些问题可能是将来会出现的,都一一做了解答。虽然不能说是包罗万象,但作为新手,应该掌握的常识这里都有。因此,书的"使用期限"会长一些。

　　愿此书能成为你工作中的助手,助你成为会计行业的高手!

目　录

第一章

职务上的惶惑

你的专业也许是家长帮着选的,你的工作可能是招聘会上找到的。初涉职场,一片迷茫,会计,到底是一个怎样的职业?

第一节 工作范畴

刚入行的或者刚学会计专业的,都想知道会计是做什么的,哪些是属于它的分内工作,应该达到什么标准。别急,往下看吧。

一、会计工作的范围

会计的工作是记账、算账、报账,此外还要进行会计监督。

今天一大早,我刚吃完饭,电话铃就响起来,我知道,解答工作开始了。

自从单位解体后,我凭着高级会计师的资格证书和20多年的会计经历,先后在多家企业当兼职会计,扩展了我的眼界,丰富了我的业务知识。后来我进入一家会计培训机构任教,专门讲会计实账。那段时间,我接触了很多初学者,了解到他们的苦衷——不懂的没人教,不会的没处问。于是我打算开通一条"会计热线",专门解答初学者的疑问,没想到这条热线开通后还真热起来了。

我接起电话:"你好,这里是会计热线,有什么问题可以帮你?"

多标准的开场白。

"您好,我找了一份会计工作,明天上班,我想知道会计都应该做些什么?"

这是个女生,当会计的还是女孩子多。

我问她:"你以前学过会计吗?"

她说:"在培训班学过,也考取了会计证。会计的基础工作是什么?"

我想她已经拿到会计证了,怎么会不知道会计都做什么呢? 不过我还是告诉她:"会计的基础工作就是核算,比如收入、支出、资产、负债,所有者权益、利润、费用,这些都懂吧?"

"会计师事务所都做什么?"

这孩子的思维够活跃的,她到底在哪儿上班啊。

"我刚才说的是会计的工作,会计师事务所的工作主要是鉴证服务、资产评估、会计代理、会计咨询等。"

"这样我就分清楚了。我同学有去企业的,有去事务所的,我想知道这两种工作的区别。谢谢您!"

我这儿正搬运词汇准备上阵呢,她倒来个速战速决。

二、合格会计的标准

不同的企业对会计有不同的要求,做好本职工作,是会计起码的标准。

我刚放下电话,铃声又响了。

我又重复一遍开场白,对方问:"我应该称呼您老师,还是叫阿姨?"

这是一个男生。可能对方听出了我的声音不年轻了,在找合适的称谓。

"随便,叫什么你都不吃亏,我肯定是你的长辈。"

"是这样,阿姨,我刚上班,怎么才能做个合格的会计?"

这是个有心的孩子,刚上班就想到尽职尽责,在学校一定当过三好学生。

"好会计的标准,一要有实际工作能力,二要有沟通和协调能力,三要有职业判断能力。当然了,不同的立场看合格会计的标准也不一样。有的认为能把账记准确是好会计,有的认为会计懂得税收筹划是好会计,有的认为有融资本事的才是好会计,还有的企业把会做假账当成是合格会计的标准。"

"综合起来是最好的会计,懂了。"

真是明白人好说话。

不对,他把什么综合到一起了?

我赶紧纠偏:"以前的好会计标准是会记账,现在有了财务软件,要从记账工作转移到管理工作上。不仅职业水平要高,个人素质也很重要。会计要讲职业道德,要爱岗敬业、诚实可靠,现在都讲团队精神……"

"这些我都懂,有事我先挂了,谢谢啦。"

我还没讲完大道理呢,他先挂了,虎头蛇尾的家伙。

三、职业涉及的风险

什么职业都有风险,会计也不例外。

我讲的是不是有点空啊,应该讲点实际的。我边寻思着边放下电话,手还没有离开话筒,铃声骤响,吓我一跳!

还没等我说开场白呢,那边说话了,还是那个男生:"阿姨,我刚接个电话,继续问啦。我听说会计责任挺大的,都有什么风险? 会有什么处罚? 怎么避免呢?"

好家伙,这是一条响尾蛇。

我理顺一下他的问题,开始解答:"会计的风险主要是信息失真,就是人们常说的做假账。如果你不小心记错了账,把错误纠正过来就可以了;假如你是有意做错账,就有人纠正你了。"

"怎么纠正啊?"

"轻者审查、罚款,重者拘留、判刑。"

"别吓唬我啊?"

"只要你按规矩办事,就可以避免职业风险。说到职业风险,其实哪个行业都有。"

"例如呢?"

"例如矿工在井下作业会有风险,这是职业环境造成的;又如医生手术失败会有风险,收红包被告发也是风险,这是职业本身的风险;再如特殊工种利用职业之便,受贿被抓是风险,就连法官都会因审判不公受到攻击产生风险。这样看来,客观上的风险无法避免,是不可控的,但主观上的风险就靠自己把握了,如会计,人为的风险更大一些。"

"那么在会计师事务所工作,风险是不是小一点?"

"事务所很多的业务是审计,如果协助企业做虚假验资,或者出具虚假审计报告,这些都会产生法律风险。"

"我刚上班,以前也没有做过账,现在老板让我做假账,您教教我吧。"

"你有那个心,我可没有那个胆啊。说真的,教你做假账,等于以身试法,东窗事发后你找谁说理去?"

"那我该怎么办呢?"

这是很多会计关心的话题,我已经回答过无数遍了。

我告诉他:"你还没学会走路就让你跑,很容易摔倒。作假,是要技巧的,就像把男人化装成女人,至少要把喉结伪装起来吧,还是小心点吧。"

"所以我很纠结。做吧,自己没有达到那个境界,做出来的假账自己都不信,还有犯罪感;不做吧,给你饭碗的老板要求你做。"

我敲打他:"这时你要考虑的是,这饭碗是在家里吃还是在监狱吃。"

"如果我强硬拒绝,很可能被开了,怎么办呢?"

我给他出招儿:"你要跟老板讲清楚两套账的利害关系,让他决定。因为《会计法》《刑法》里都有明确规定,对伪造、变造会计凭证、会计账簿,编制虚假财务会计报告,构成犯罪的,都会依法追究刑事责任。也许老板不懂,但你学过,你要提醒老板。假如你说服不了他,又舍不得那份工作,那么你就要有足够的心理准备,随时接受处罚。这也是会计精神压力大的原因所在。"

"一旦出现问题,谁承担主要责任?"

"法人代表负主要责任,但会计也逃不了干系呀,还是守法最安全。"

这时男生说:"我的后背都凉了。"

我说:"会计胆小有好处。假账不是好玩的,不要轻举妄动,弄不好把老板也牵进去麻烦就大了。"

男生说:"我知道怎么做了,谢谢您的开导!"

真是明白人好说话。

放下他的电话,过了不到10分钟,铃声又起。

这次是一个女生,开口就是:"老师,我失恋了。"

我赶紧解释:"你打错电话了吧,这是会计热线,不是心理热线。"

她说:"我知道,您听我说完。我是会计,最近犯了一个小错误,出纳员篡改报销金额让我发现了,后来她把改动获取的3 000元钱给了我一半,我收下了,然后我跟我男友说了,然后他就说我本质不好,跟我分手了。我很苦恼。"

这孩子不打自招,犯法的事情都敢到处汇报。她男友可能把事情引申了——女朋友见钱眼开,她现在就这样,将来谁有钱还不跟谁走啊……我还得安慰她:"你先别苦恼,这事儿老板知道吗?"

"不知道。"

"你知道错了吗?"

"知道。"

"错哪儿了?"

"我不该跟男友说。"

这是个顽固不化的姑娘,到现在还没认识错在哪呢。

我轻声细语地告诉她:"你错在收钱上了。"

没想到她还振振有词:"可是老板给的工资太少了,就当是我们的营业外收入了。"

这还是个理论联系实际的姑娘,可这叫什么逻辑啊?

我好心提醒:"如果老板知道了,会告发你的,你认识到后果了吗?"

"发现就退回去呗,大不了辞职。"

我几乎苦口婆心了:"孩子啊,你这叫'职务侵占罪',犯法了你知道吗?

好在金额不大,不够立案的,但是会影响你将来的工作,可能吊销你的会计证、可能罚款、可能拘留,你好好想想吧。"

"那我现在咋办?"

"跟出纳一起,把这笔钱悄悄退回去,更正记账凭证,就没事了。"

那边迟迟疑疑地传来俩字:"好吧。"

放下电话,我寻思着,这件事也许是个别现象。当出纳的、当会计的,千万不能在钱上打主意。但愿那个姑娘能听我的话,自己把事情平安化解。

第二节　职场展望

很多人选择职业的时候,都会关心这一行是否有发展。有句话叫"是金子总会发光的",只要你出色,你的职场就是亮的。

一、会计求职的方向

各行各业都需要会计,一个企业也有许多的会计岗位。选择适合自己的,才是最好的。

又一个电话进来了。

"你好,这里是会计热线,有什么问题可以帮你?"我每天不知要重复多少遍同样的开场白。

"您好,什么问题您都给解答吗?"这是个男生。

我说:"我知道的都会告诉你。"

"老师,您今年多大年龄?"

这个我倒是知道,可是……我婉拒:"对不起,这个问题不在服务范围之内。"

"我只想知道会计的经验是否与年龄有关。"

我回答他:"有点关系,但不绝对。有的会计在一个企业干一辈子,如果业务少,经验就少。有的会计经历得多,从小企业到大企业,从商业到工业都做过,这样,他的基础工作做得越多,经验就越丰富。"

"我们老师说实习的时候最好去工厂,是不是因为那里的业务最全?"

"你们老师还是有经验的。"

"可是他说自己的工作经验是零。"

"我听说有个培养世界冠军的游泳教练还是旱鸭子呢。"

"是吗? 他叫什么?"

"不研究国外的,说咱眼前的。"我把话题拽回来。

"现在做会计的女生多,企业也愿意要女生,每次招聘我都有种失落感。"

我这儿快成"情感热线"了。

"有些岗位还是需要男生的,比如经常去工地的建筑行业。"

"老师,我现在就是一家建筑公司的会计,想知道会计行业怎么样,好像不适合男生做。"

"什么行业都没有好坏之分,也没有性别歧视,全看个人的努力。你说做饭适合女人吧? 可是有名的厨师都是男的;会计岗位上女会计多吧,可是管理岗位上还是男的多。"

"真的啊?"

我好像看见了那个男生眼睛在放光,我知道说到点子上了,触动了他的神经。每当我的解答能引起对方共鸣的时候,都有种成就感。

"现在会计太多了,什么时候能出人头地啊?"男生的情绪又回到原位。

这是每个有抱负的青年都在考虑的问题,我要激发一下他的斗志。

"你刚才问我会计的经验是否与年龄有关,说明你已经意识到了积累的重要性。人们常说'会计越老越值钱',指的就是会计经验有个日积月累的过程。你知道量变到质变的道理吧? 知道什么叫厚积薄发吧?"

"老师您真会开导人。"

听了他的夸奖,我心里很满足。

这人啊,不管多大的年龄,都喜欢听好话。在工作中,嘴甜的人,最受领

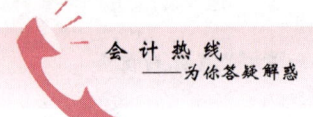

导和同事的喜欢。我很想把这个经验告诉他,其实他已经在实践了。

放下这个电话,我给自己泡了一杯茶。还没等我喝上一口,电话铃声又响起来,这次是一个声音很纯净的女生。

"老师,我今年大四了,我想知道学生毕业后是不是要从出纳做起啊?"

我知道很多人认为出纳是走向会计岗位的第一步,我要解释一下:"不一定,有的当了几年的出纳都接触不到会计的业务,也不敢接会计。有的没有做出纳,直接当了会计。"

"如果我做了出纳,想做会计,应该怎么做?"

"平时多留心会计的账务处理,翻看记账凭证,关键是看见原始凭证就知道用什么科目。然后看月末怎么结转成本、结转利润,还有每月的计提折旧、工资核算等。每个月就那些业务,周而复始,跟考试比起来简单多了。"

"其实我实习的时候做了十几天的出纳工作,出纳和会计有哪些区别?"

我告诉她:"两者的区别还是挺大的。出纳只记两本账,涉及银行存款和库存现金的账,出纳员都应该懂。会计负责往来、存货、费用、收入……尤其是月末,还要计提税金、计提工资、结转成本、结转利润等,这些业务出纳平时都接触不多,是要注意的。"

解答完一个又进来一个。

"我是今年的毕业生,前段时间出去找工作,当对方得知我是刚毕业的就不要了。而且我发现很多企业都找有经验的,希望立马能上任的。我连实习的机会都没有,到哪里找工作机会呢?"

我耐心地帮她分析:"因为企业是使用会计的,没有培训会计的义务,就算你身边有个老会计,也没有教你的义务,所以你要赶紧独立。差不多每个找工作的毕业生都有这个遭遇,建议你通过熟人介绍一家企业实习几天,看看他家的账务是怎么处理的,月末做些什么工作,怎样纳税的。或者屈尊去一家小企业,开始别计较工资,现在的'少'是为了将来的'多',只要他们收下你,1个月下来,基本就掌握了业务流程,半年后基本可以独立做账。等你有了基础之后,再找工作就可以说自己有经验了。"

"我应该先到哪些企业比较好?"

我告诉她："按会计业务的难易程度,先去服务业,然后进商业,最后是工业。你能找到工厂更好了,可以全面实习,再到其他企业就会觉得很轻松了。"

这个电话刚放下,紧接着又一个电话打进来。连喝口水的工夫都不给啊,看来我要招助理了。

"老师,会计的去处有哪些?"

我理顺了一下思路,开始作答。

会计的去处大致有 5 个:

1. 当会计的工作者。就是记账的,实实在在的一线会计。

2. 管会计的当权者。这里包括了财务经理、财务总监。

3. 查会计的审计者。包括会计师事务所的社会审计,还有机关审计部门的政府审计。

4. 搞会计的钻研者。少数研究会计学问的人,这是会计界的白领。

5. 讲会计的教育者。包括大学的会计老师,还有培训机构的会计老师。

会计的触角是宽泛的,队伍也是庞大的,上至政府机关,下至基层企业,到处都有会计的身影。

解答完这个问题,我刚拿起茶杯喝了一口,电话铃声又响起来。

"老师,我现在有个实习机会,也算不上实习吧,只有两天,我要把时间充分利用起来,应该怎么做? 注意些什么?"

我当会计的时候,接待过实习生,知道实习的程序,我就按天跟她说吧。

第一天:了解企业的业务流程,掌握会计的账务流程。

每个企业都有自己的业务流程,会计的业务也是随着这个流程展开的。比如工厂的业务是进料、加工、出产品,然后入库、销售。每一道工序的业务会计都要拿来核算。

会计的账务流程你在学校学过了,就按那个步骤实习。

首先翻开记账凭证:先看后面的原始凭证,看会计是怎么根据那些凭证做记账凭证的,这很重要,因为以后你的主要工作就是那些,看到手里的原始票据就要知道使用哪个科目。

最好的办法是记下来。比如：贷记"银行存款"的记账凭证，后面一定有一张本企业转账支票的存根，或者别的转账凭证。这是企业支付的款项，这笔款支到哪去了呢？如果有张外单位的发票，那就是去向。假设是一张销售发票和入库单，说明购买了什么商品，看一下发票或者入库单的明细就知道了。你再翻过来看记账凭证，看会计把这笔业务做到哪个科目了，以后再收到这些票据你就知道怎样处理了。

记账凭证要有代表性地看，月末的、月初的、年末的、年初的，这样比较全面、系统。

如果企业使用的是财务软件，这些记账凭证是从电脑里打印出来的，与手工账的几张照片都一样的。

其次看会计账簿，看手里的记账凭证是怎么落实到账簿上的。

最后看那些账簿是怎么结转的，包括月末结账，损益类账簿的利润结转等。

第二天：看财务报表。

一要看汇总后的总账，了解明细账与总账的关系。

二要看财务报表是怎样根据总账、明细账编制的。有财务分析的就更好了，能同时学习。

剩余的时间再看看他们的记账凭证是怎么装订的，记账凭证封面是怎么写的。

最后有时间再看看电算化的操作，怎么输入凭证，怎么记账，怎么结转，怎么生成财务报表。

如果是一般纳税人，别忘了学看防伪税控软件，了解认证、抄报税的流程，看增值税的处理，这样就比较全面了。

对方满意地放下了电话，当我捧起茶杯的时候，发现茶已经凉了。

下面，我以【咨询】和【解答】的形式，把有代表性的内容摘录出来，供你借鉴和参考。

【咨询】我只有会计证，一直没有从事会计工作，现在想找个兼职会计，可行吗？

【解答】会计都愿意找有经验的,你说一直没有从事会计工作,我建议你先报考职称,这样可以获得更多的业务知识,将来找工作也有底气。因为会计证的要求太低了,做全盘账务有些难度。但是每个人的能力不同,如果你能找到兼职的会计工作更好了,可以边干边学,进步更快。

【咨询】我想利用业务时间当兼职会计,又担心被老板知道把我开除了。我所在的企业待遇不错,被开除太可惜了,矛盾中。

【解答】老板不喜欢自己的员工三心二意,你最好踏踏实实地做一份工作。如果你不甘心,可以跟老板沟通一下,道出自己的困难,看他是否同情你。因为你想做兼职会计,一定会占用这边的工作时间。如果老板通情达理,也许会答应你。不过你要注意,别找同行业的会计工作,有偷窃商业秘密的嫌疑,双方都会担心。

【咨询】我已经取得了会计师的资格,工作5年多了,想开一家会计公司,但不知道前景如何,需要什么条件,先从哪里着手准备。

【解答】我接触过代理公司,他们招揽的多数是小企业,因为这些企业业务少,所以收费也不高。如果你的公司专业过硬,可以增加服务质量和水准,增加服务项目,收入会很稳定。

办会计公司的条件:

1. 主管代理记账业务的负责人必须具有会计师以上专业技术资格。

2. 3名以上持有会计从业资格证书的专职从业人员。

3. 代理记账机构要有健全的代理记账业务范围和财务会计管理制度。

4. 有固定的办公场所。

先到财政部门获取《代理记账许可证书》,然后到工商部门办理《营业执照》。

因为企业选择会计公司的时候要看实力,至少要有一两名30岁以上的会计坐班,小会计可以跑外。

【咨询】我现在是在工业企业做材料会计,对税务和财务报表方面不熟悉,想往做主办方面发展,应该从哪方面开始学习?

【解答】往主办会计发展,就要知道月末的事情,比如确认工资、计提税

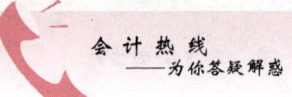
费、结转成本和结转利润等。

另外,很多的工业企业都是一般纳税人,在税务处理上比较复杂,需要认证和抄报税,要懂得防伪税控软件的操作。这些内容,平时多留心,看主办会计是怎么做的。

财务报表问题不大,使用财务软件的,都可以直接生成报表,只要你知道那些数据的来源就可以了,如果你还能学会分析,就更漂亮了。

【咨询】我现在才做会计收入,什么时候能到财务总监的位置?现在工资太少了!

【解答】会计行业有塔尖人物,毕竟凤毛麟角,大多数还是基座。随着年龄的增加,经验的积累,收入也会水涨船高。

【咨询】以前我一直做商业会计,现在正在找工业会计工作。因为没有经验,总是被企业拒绝。为什么呀?我该怎么办?

【解答】因为工业会计比商业会计多了成本核算,相对比较复杂。老板都想招进来的会计进门就能工作,他也担心账务被新手弄乱。

你没有经验,就赶紧充电,把"成本会计"学懂弄通,或者找个工厂实习1个月,或者到招收学员的会计公司接触一下实际,等心里有底了再去应聘。

【咨询】刚刚考完会计从业资格证,想继续学习,先学电算化好,还是手工操作好?

【解答】有手工操作基础,再学财务软件操作,心明眼亮。

【咨询】我是学财务管理的,要毕业了,现在不知道是先去企业还是先去会计师事务所,哪里好?您帮我分析下行吗?

【解答】很高兴你这么信任我。

毕业去哪里的问题,各有利弊。

大企业——分工很细,每个岗位只负责管辖一部分工作,工作量很大。优点是接触多,见识广,缺点是短期内难挑大梁。

小企业——会计少,几乎所有的岗位一个人承担。优点是麻雀虽小但五脏俱全,是初学者锻炼的好场所。缺点是业务范围小,解除内容少。

对于初学者,我主张先进小企业。同样是一个会计,同样在 1 年内,小企业的会计能做全套账务,大企业的会计恐怕难担此任,不信你可以打听一下。

当然了,大小企业在工作环境和待遇上一定会有差距,看你追求什么了。

事务所——如果你想考注册会计师,建议你去事务所;若想考职称,还是去企业。

上述是我主观分析,主意还要你自己拿。

【咨询】我去年刚毕业,今年元旦,看见会计师事务所招聘,我就去了,工资很少,我想为了锻炼自己,就认了。可是到了那里才知道,这段时间是事务所最忙的时期,过了春节就开始加班,我没有企业的工作经验,也不能到企业去审计,只是在所里打印工作底稿和各种看不懂的表格,也学不到什么东西。

【解答】我一直认为,在会计师事务所工作的人,最好有企业的工作经验,就像会计教师应该在企业记过账一样,这样才可以更加胜任。如果你已经打算报考注会,那么就在那里做下去;如果你没有执业资格,最好去企业,实实在在地当会计。企业要找什么样的人,会侧重考察的。现在越来越多的企业不重视学历,更注重工作能力和应变能力,甚至是沟通能力。

【咨询】我是一个快毕业的大学生,学的注会专业,但注会考试还没考过一门,从业证很早就考过了,目前正准备考初级会计职称,能通过的问题应该不大。但我平时的学习感觉不扎实,很多东西没弄懂,对将来走上社会很惶恐,而我又不想考研。因此想请前辈帮忙指点一下,我该走哪个方向?

【解答】你学的注会,也想考注会的话,可以不考研,因为注会的证书不亚于硕士证书,除非你去国企,硕士证书更有分量。你现在还没毕业,将来是想去企业,还是会计师事务所?去企业的话,一定要考证,包括初级证,有注会证更容易找工作;如果想去事务所,一定要考注会证,初级证书没什么意义了。不过考试能督促你学习,也是好事。你说学得不扎实,学生都有这个感觉,因为没接触实际工作,学的理论就像在空中飘着,到大四实习的时候就好了,会有具体的账务,你会感到真实。你学的是注会,建议你去事务所,毕竟注会专业不多,有优势。

【咨询】面试的时候谁是主考官? 招聘方注重哪些信息?

【解答】这要看招聘方的规模,有的企业是财务管理人员亲自把关,有的企业是人力资源部门挑选,更有甚者,老板会亲自过目。

一般情况下,招聘方一看经历,二看学识,三看水平。有的职业招聘者跟你聊上几句就能看出你的能力和性格,真是厉害。不过这样的高人很难遇到,因此你不用害怕。

学历有证明,水平就听你说了,没有工作经验的人,想说有经验也很难出口。

【咨询】明天我要去应聘,面试单位是连锁店的总公司,需要准备些什么?

【解答】连锁店的会计属于商业会计,主要工作是往来账和库存账的核算。如果你做过会计工作,这都不是问题。你需要准备的除了专业知识,还有应变能力,这是面试的关键。因为你不知道企业关心什么,他会侧重考核什么。有经验的招聘者在看似不经意间就了解了你的水平和能力,所以,把真实的你呈现出来就可以了,不然凭侥幸进了企业,也许在试用期就被解雇了,还耽误了自己找工作的时间。至于着装打扮,对于女生来说别太花哨了,正式一点才好。

【咨询】我以前是做室内设计的,现在年龄大了,觉得太累了,而且一直做得也不太好。我准备转行学会计,现在打算报个培训班。但是会计培训班都是晚上上课,白天我也没事,现在有个记账公司招实习会计学员,说是学会为止。我想白天实习,晚上上课,这样学上四五个月,会计证就拿到了,经验也有了,是不是就好找工作了? 我的想法可行吗?

【解答】想法是对的,但是要分个顺序。

首先,我建议你先学基础知识,然后去实习。比如让你记账,你不懂得相互的关系,机械地记,一点意义都没有。学习后就可以考会计证了,拿着会计证就可以找会计工作了。

二、会计薪水的比价

在薪水证明实力、薪水代表成功的时代，你的能力和水平往往决定了你的身价。

【咨询】我想知道当会计的工资情况。

【解答】经常看到网上有晒工资条的，我发现他们的工资并不高，因为在网上贴工资条的"小会计"居多，高工资的"大会计"很少参与这类调查。

这几年，随着物价水平的提高，工资也在逐年提高，而毕业生的价位有下降的趋势，主要原因还是因为会计供大于求。但实际上小会计遍地都是，大会计千金难寻。而且，不同的地区薪酬也不同，低者 1 000 多元，高者可达 10 000 多元，贫富不均。

【咨询】什么职位薪水高？

【解答】我一直认为，人的能力决定薪水的高低。一般情况下，职位越高，薪水越高；企业越大，工资越多。

据我了解，在中小城市，大中型企业的财务经理的月薪是 5 000 元左右，普通的会计 2 000 元左右。而在大城市，上市公司的财务总监年薪可达百万元。当然，高薪下对人员的要求也高：具有中级以上的职称，有较高的协调能力和沟通能力，有税收筹划能力，还要有财务管理能力，最好有筹资能力等等。

会计的收入很有挑战性，加油吧！

【咨询】我有两年的工作经验，现在想去沿海城市发展，不知道那里的待遇怎么样？

【解答】按理说有了两年的工作经验，优势还是有的。沿海城市的工资一定比内地工资高，机遇也多一些，只要你有能力，就会有你的一席之地。高工资的有，低工资的也有，如果你自信应聘财务经理，肯定比记账会计的工资高。

还是那句话，能力决定待遇。

【咨询】我是男生，如果考到注册会计师（CPA）后工资能达到多少？

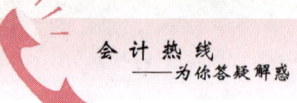
【解答】做会计你要清楚一点，即使是CPA，工资待遇也不一样。一是看你所在单位的规模，二要看你的工作业绩。现在的工资已经远不及前几年，这也是受供求关系影响的。

现在报考CPA的难度下降了，但是战线拉长了，7科考完最慢要8年，最快也要3年。我想说，报考CPA需要付出艰辛的代价，还不一定能如愿以偿。

男生可以考虑学习一些管理知识，到企业当财务经理，一样可以获取高薪。

三、会计工作的烦恼

人生不如意事常有八九，只要想找，到处都有，关键是心态。

【咨询】我在一家私企做出纳，每次去银行办事，都要带财务章，我听见老板告诉会计，不让我带章，要开网银，说明他对我有戒心，为此我很郁闷。

【解答】的确，你为他工作，换来的是不被信任，难免让人心寒。

你一定是自己去应聘的吧？如果是熟人介绍的工作就不会出现这种情况了。你应该理解老板的疑心，他之前并不认识你，能把大印交给你管理，已经显示出了一定信任，如果你是老板，也许还不准出纳带着财务章到处跑呢。

这样换位思考，也许你就能释怀了。

有些企业，对于银行预留的印鉴，要求出纳和会计是分别管理，你自己带着财务章，其实已经违规了。

关于开网银。方便企业核查账项，这是趋势，我认为老板没有防备你的意思。开了网银，你也可以少跑银行，不是很好吗？别想多了。

【咨询】我是技校毕业的，好不容易找到一份会计工作，可是我觉得老板对我不是很满意，经常拉个脸跟我说话，也不知道是我做错了，还是看不起我，有时真想咬他那张驴脸。

【解答】你可以想想，千万别付诸行动，君子动口不动手……不对，君子动手不动口……反正你哪儿都别动。

我还是帮你分析一下吧。

老板拉着脸说话,的确让人不爽。你观察一下,平时他对别人是不是也那样,如果只对你一个人,你要找机会与他沟通一下,试探着问问你哪里让他不满意,你好做调整。

会计工作是看能力的,技校的名声是小了点,但是你本人的能力大,也可以比大学毕业生强,这一点你要有信心。

会计工作也不是默默无闻的,你在工作中找一些难办的事情处理得漂亮一点,他会对你刮目相看的,我想他一刮目,脸就变短了。

【咨询】公司里的很多收入、支出都没有发票,可都通过了银行账户,我该如何处理呀?跟老板说他也不理解,反正就是要不到发票,让我自己看着办,真是生气。

【解答】先消消气,你说的这些问题不止你一个人遇到,也困扰着很多会计。没有发票会计不能入账,跟老板说吧,他可能振振有词:要发票就不是这个价了。更有甚者,还训会计:要你干嘛,这点事都解决不了!

这时候你跟老板算账:100 元的货物不要发票可能省下 3 元钱,可是这 100 元因为没有发票,记到账上的金额税法不承认,就不能在税前扣除,因此要按 100 元的 25% 需要缴纳 25 元的所得税。

你把矛盾推给老板,让他拿主意。老板心里也有小算盘,他会算的。

【咨询】我先后接任过三家企业,同样是商业,这三家企业的会计记账方式都不一样,我都不知道依据谁的好了。

【解答】每个会计接受的教育不同,工作经验不同,账务的处理方法也不同。虽然学的都是统一的会计准则,但是工作中遇到的实际问题,教科书上没有,或者有的也不能作参考,靠自己的理解,自作主张,结果就是一人一个记法。

如果你学的会计知识扎实,还是应该依据会计准则处理,那个毕竟是会计工作的准绳。

【咨询】我刚刚进入公司,公司是由两个老板合资的,以前是没有做账的,我是个会计新手,公司就我一个会计,我需要做手工账,是做内账!他们给了我一沓的收货单和领料进仓单,然后让我建账,有总账、分类账、十三栏明细账、固定资产登记账簿、进销存账簿,可是我都不会建这些账。另外,我想知道领料以及发货单给我做什么? 我从来没做过账,尤其是手工账,在学校学的那些理论知识在这里就用不到了! 我苦恼,怎么能学精啊?

【解答】别苦恼,我告诉你,你学的都有用,只是不会结合实际应用。

先简单说下吧:首先你要懂得账务处理程序,如果你考过会计证,应该知道的。然后根据你说的那些领料单以及发货单填制记账凭证,把记账凭证记到你领的那些账簿上。最后到了月末,还要处理一下账务:计提税金、确认工资、结转成本、结转利润等。

在这里我一言难尽,你现在要解决的问题,是看到原始凭证,知道是什么业务,懂得使用什么会计科目。

会计学习是一方面,经验是另一方面,有了"两方面",你就"成精"了。

【咨询】有人说,当会计的很麻烦、很枯燥,是这样吗?

【解答】这个很难说,看个人的心态。如果你是乐观派,干什么都高兴;如果你是悲观者,做什么都不开心。

所说的麻烦,那是以前的事情了,现在有了财务软件,会计已经很轻松了。你所说的麻烦是指事物繁多的意思吧,出现违法乱纪的情况肯定麻烦。

【咨询】我想知道老板最讨厌会计哪些行为?

【解答】讨厌会计不诚实、偷懒、糊涂、心里没数。

【咨询】我是出纳,有些跑税务的事情会计都让我做,我也不好推辞,这是我应该做的吗?

【解答】出纳跑税的情况不多,但税务上的事情也属于财务工作,只是分工不同,你也应该协助会计办理税务上的事情。

【咨询】我和出纳的关系不是很好,业务上的合作也不融洽,不知道怎么办好,一天到晚很闹心。

【解答】你闹心,出纳也不好受。

两人的私交不好,的确会影响工作的衔接。心里有隔膜,工作也别扭。"应该好好相处"这样的大道理谁都懂,但实践起来并不容易,有时候人是很难违心做事的。

我理解你的心情,我在国企的时候,我们科里有7名会计,其中有2位不合,平时基本不说话。有一位跟我关系不错,她对我说:"每天我一踏进这个办公室就心烦。"后来她调到了行政办公室,整个人变得神清气爽的。这说明同事关系的好坏,对人的情绪有很大的影响。

你先尝试去喜欢她,如果行不通,为了身心健康,还是想办法换一家企业吧。

【咨询】我刚毕业参加工作不到半年,与上司的关系有点紧张,几次主动试图缓解都无功而返。她软硬不吃,很棘手。替我想个辙吧,实在没办法了。

【解答】同事关系真的比同学关系难处,如果关系紧张,那上班就像上刑,对着干又怕两败俱伤,是很难受。

你都"实在没办法了",我又不了解你的上司,我也很棘手。

应该说你与上司的关系紧张,比同事关系不好还难过。人长期处在压抑的状态下对身体的健康不利。如果你已经尝试了化解手段仍然不解决问题,如果你有自由选择的余地,我建议你还是走人吧,惹不起咱躲得起。那些跳槽的人,多数原因是人际关系不和谐。虽然行动是消极的,但换来的状态是积极的,划算。

【咨询】我有件事情挺矛盾。我在一家工厂当会计,交接的时候才知道是记内账的,有别的会计记外账。我不知道是否应该做下去,这是不是假账啊?

【解答】不一定是假账,假账对外提供的是虚假信息,而你记的内账,可能是最真实的账。

通常看,外账才有造假的嫌疑。但也不一定就是假账,因为税务机关要求得严格,有些费用支出没有合理的票据,不能在账上体现;有些收入没开发票,老板又不想入账交税,所以只能另做一套符合税法要求的账。

【咨询】都说实际做的跟在学校学的不一样,为什么?

【解答】这是很多大学毕业生参加工作后的第一个问号,这是因为:

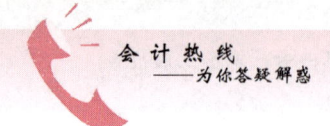

1. 学的书本知识是固定的,而工作是人操作的,可以变通。

比如购买的支票,按规定应该记入"管理费用"科目,而有些人认为是在银行购买的,就记入"财务费用"科目了,其实也不犯原则错误。

2. 在学校学的会计知识是共性的,在工作中遇到的会计业务是个性的。

比如,在学校学的是按适合大中型企业的《企业会计准则》讲解的,而社会上大部分是小企业,税务机关要求执行《小企业会计准则》,两者有点小区别。还有,在学校没有行业会计一说,但实际上,每个企业都因性质不同,在成本核算上都有差别,学生毕业后到了不同的行业就会感到陌生,就会不适用。

3. 会计教材讲的内容很全,但顺序与工作流程脱节。

比如学的知识在章节安排上是按会计要素分类的,而实际工作中是按时间顺序和业务程序进行的。

4. 学的是点,做的是面。也就是说学的知识点集中,实际工作中业务面分散。

比如,库存商品,教材把取得、发出放在一起讲解,而实际工作中,这些业务不是连续的,购进的时候是一个时间,发出的时候又是一个时间。

如果把企业的业务比作一张网,那么会计知识就是鱼,你要懂得怎么把鱼弄到网里,你就有收获了。

都知道老会计的业务好,但是让她考试可能考不过大学毕业生,也许中级都过不去;而有了中级职称没做过会计的人,不敢跟老会计叫板。这就是学和做的差距,不单单会计行业存在这个差距问题,别的行业也有。

从校门出来到了工作岗位,会有很多的不适应,谁都有这个过程,只是时间长短的问题,过几个月这个距离就缩短了。

【咨询】我是新人,感觉会计工作好难啊,公司没有人带我,好吃力,我怎样能把学的理论知识与实践结合起来呢?

【解答】那是"新人"的通病,别怕,等你做了几个月后,就会有感觉了,1年后你就是"旧人"了。不要指望有人带着你,要学会独立思考。

要想理论联系实际,最好的方法是边干边学。

你觉得吃力,是因为学会计的时候,书上写的只有文字和表格,到了工作岗位,看到的是实际的票据,你就不知道怎么办了。这时候,你把书本里的文字和表格,转换成眼前的原始单据,就前进了一步。接着把书里的分录转变为记账凭证,又进了一步,然后就记账、出报表,几个循环后你就轻松了。

你学习的时候会涉及会计领域的方方面面,但是工作后,有一半的知识派不上用场。相对学习来说,实际做会更简单,很多业务都是重复的,尤其与考试题相比。

【咨询】我们公司换名了,老板让我去更换新的公章,到哪里去换啊?我也不敢问老板。

【解答】带着下列材料到公安局去换:

1. 单位介绍信。

2. 单位刻制公章的,需提交上级主管部门的批文;社会团体刻制公章的应提交市民政部门证明;企业单位刻制公章的,应提交工商行政管理部门核发的营业执照复印件。

3. 单位法人代表和经办人的身份证复印件。

4. 更换公章的应同时上交原使用公章。

拿着上述证明材料,到公安分局综合服务大厅治安业务窗口提出申请,经审查批准、材料齐全的,便可持介绍信到指定的印章刻制企业刻制公章。

【咨询】年末,经理要我们写个人工作总结,我写了两页,帮我看看怎么样?

工 作 总 结

回顾这一年来,我较好地完成了本职工作,现总结如下。

一、有主动学习的精神

每年财政部和国家税务总局都会发布一些政策和法规,与会计有关系的,我都会主动学习,获取最新的财税知识。每年一度的会计人员继续教育时间,我在不耽误工作的基础上,都会完成课时,把学到的会计知识应用到工作中。为了提高自己的资历水平,今年我报考了中级会计师,为了更好地为企业服务。

二、有互相帮助的热情

平时,我对于财务部长交代的工作,都能及时完成。年末结算时,工作业务很多,部长忙不过来,我主动请缨,为部长分担力所能及的工作,为此放弃了新年的休假机会,确保财务工作按时完成,部长夸我是他的得力助手。

三、有爱岗敬业的态度

会计不爱岗,就是失职;会计不敬业,就是没有责任感。

这一年来,我把自己分管的财务,像管理自己家的账一样精心。

有一笔应收账款 35 000 元,已经挂账两年,我多次与对方联系、电话催款,最后上门讨要,年底前终于回收了这笔几乎坏账的欠款。

今年 6 月,保管员给我的入库单,我发现有一批货物与合同上的质量标准不一致,按理说这不是我管辖的范畴,但是我发现了,就不能不管。经过交涉,对方赔偿了 2 万元的商品差额,为企业挽回了一笔经济损失。

在财务处理上,我做到了核算及时、准确,没有耽误过工作进度。

四、缺乏专业的水准

虽然在工作上我尽职尽责,但是,由于知识不足,水平不够,不能独立完成会计工作,有些财务还要请教经理。我争取在短时间内充实自己,提高业务水平,更好地为企业服务。

还有,我与各部门的沟通不够,对外界接触也不多,使自己的工作与其他部门的衔接不顺畅。

五、今后奋斗的目标

今后要有意识地学习专业知识,主动与相关部门多做交流,提高自己的工作能力。

总之,一年来的工作收获不小,我在总结经验的基础上,争取在明年取得更好的工作业绩。

【解答】整体来说还不错,不是很细,如果能把具体的内容再写进去就丰满了。

 **我的故事**

我把自己的从业经历写出来,也许对你有所启示。

30年前,我从会计学校毕业,分配到一家国企加工厂。财务科有7个人,我的年龄最小。

虽然我学的是会计专业,但是更喜欢文学。记得当时高考报志愿的时候很想报中文专业。可妈妈说,会计才是一门正当的职业,能做一辈子。当时我小嘛,也没什么主意,就报考了会计专业。

工作后,我没有放弃对文学的偏爱,开始给报社发小杂文。不知道是我的文笔好,还是编辑的要求低,屡投屡中。中了就有几块钱的稿费,这大大激发了我的写作欲望。之后我结合专业知识开始给会计杂志发稿,也小有收获。

那时候的年轻人很单纯,不清楚将来发展成什么样,也没有职场规划这个概念。直到20世纪90年代初,国家要求把工作重心转移到经济建设上以后,我们才有了紧迫感,同时也有了自豪感——会计被重用了。

这样又过了不到10年,我们单位与众多的国企一样遭遇改制。

那时候的我已经晋升为高级会计师,被抛向社会后,曾先后在多家私企任职,倒也轻松。

有人说,会计这活是好人不愿意干,孬人干不了。殊不知当会计的还有很多烦恼。

从前的会计都是手工账,那时候的人对待工作也认真,有时候差一分钱都要找半宿。尤其是汇总的时候,一次、两次、三次也轧不平,又不知道错在哪儿了,真叫人抓狂。

还有就是不能享受节假日,每逢五一、十一、元旦,都是会计最忙的时候。别人都在家过节,会计却要在单位加班。

如今,记账的工具变了,原来的手工账被软件代替。随之而来的烦恼也

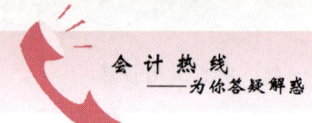

变了,原来工作上的压力变成了精神上的紧张,为什么? 我不说,你也知道,都是假账惹的呗。

说到假账,你一定关心我是否遇到过,其实在私企这些都难免。

我应聘到第一家工厂,开始我只记一套账,随着业务的扩大,老板有私心了,他让我再另外记一套账,我正犹豫着,正巧我有一个同事出事了。

我的这个同事也在私营当会计,因为老板不守法,她被牵扯进去,几天后才放出来,那个老板还留在拘留所待命。据她说那几天吓得魂都没了。出来后我们为她压惊,她发誓再也不做会计了。

我把这件事跟老板说了,果然奏效,他再没催我记第二套账。

记住:工作靠技术,行事讲艺术。

第二章

考务上的困惑

一旦选择了会计,就意味着选择了考试,只要想考,总有一个级别在前面等着你。你准备好了吗?

第一节　考试级别

会计考试有很多种,大致可以分三类:一类是从业资格的考试——会计从业资格证书,这是会计的入门考试;一类是技术资格的考试——初级会计师、中级会计师、高级会计师,俗称职称考试;一类是执业资格的考试——注册会计师、注册税务师、资产评估师等。

上面说的都是国内的会计考试,还有国际上的,这里就不介绍了。

一、从业资格的考试

想从事会计工作,必须具备会计从业资格。

【咨询】想当会计,必须报考会计从业资格证书吗?

【解答】是的,会计从业资格证书俗称上岗证,这是当会计的敲门砖。没有这个证书,一是不能从事会计工作,二是不允许参加以后的职称考试。

【咨询】会计证要考几科?

【解答】考三科:会计基础、初级会计电算化、财经法规与会计职业道德。

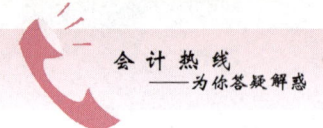

【咨询】 会计从业资格与会计专业技术资格有什么区别？

【解答】 会计从业资格是会计人员的准入证，证明你已经具备了当会计的资格，允许你参加会计工作了。

而会计专业技术资格是证明你的专业水平，从简到难共有三级：初级、中级、高级。

当然了，这里有考试的成分在里边，不能完全代表一个人真实的业务水平和工作能力。

【咨询】 我有会计证就可以找工作上岗了吗？

【解答】 当然可以，不过只能做些简单的会计工作，想处理全面的账务，至少要达到初级会计的水平，不然很难胜任。

【咨询】 会计从业资格什么时间报考？全国统一吗？

【解答】 不统一，有的省一年一次或两次，有的省一年六七次。具体的考试时间查询当地财政机关的会计考试网站，那个最准确了。

【咨询】 我准备在网上买书，可是，我看那些考试书还分省，是怎么回事？

【解答】 因为会计证的考试由各地财政部门组织，所以各省都有自己的考试书。

【咨询】 全国的会计证试卷都一样吗？题型也一样吗？

【解答】 不一样，虽然考试大纲是全国统一的，国家也准备了题库，但是会计证是由各省组织报考的，题型的侧重点都不同，也许以后会逐渐统一。

【咨询】 现在都实行了网上报名，怎么报考会计证？

【解答】 找到当地财政厅的会计考试网，上面有专门的会计报考版，先"报名"。注册之后，用密码登录，上传你的照片，填写报名表，然后下载报名表。接着带上你的身份证及复印件、学历证及复印件、两张彩照，去指定的地点采集指纹、交考务费。回来后自己到网上登录，下载并打印准考证。考试的时候别忘了带上准考证和身份证。

【咨询】 我是一名在读中专生，想考会计证，难吗？应注意什么？

【解答】 这个证书不是很难考，法规的条款比较多，需要死记硬背；电算会计没接触过有点难度，弄个财务软件配合着学会有感性认识；会计基础，学校学的那些内容就够用了，不需要花多大的精力。你最好找来历次考试题做练习，这样考试的时候心里就有数了。

【咨询】我今年快30岁了，没什么手艺，想学会计，是不是有点晚啊？我应该怎么样复习？是去会计班还是自学？学多长时间能考取上岗证？

【解答】学习是人一辈子的事情，什么时候学都不晚。有机会赶紧学吧，这是聪明人的表现，不然几年过去了，你也许后悔：我那时候怎么不学呢，到现在是不是就学成了。

30岁的会计有时候比刚出校门的更好找工作，因为很多人认为会计的经验与会计的年龄成正比。

如果你没接触过会计，最好找专门的会计考试班学习。如果你有自学的能力，报考的时候订一套考试用书，在家学也可以通过。因为会计从业资格考试在会计考试里是最简单的，有的人学2个月就通过了，当然也是因人而异。

【咨询】我刚考了个会计上岗证，想去学做会计，又怕对数字不敏感，容易出错，我适合做会计吗？

【解答】做会计的确需要心细，对数字不敏感跟心粗不是一个概念，因此，你学会计是没问题的，出错了可以改嘛，你看手工账下还有专门改错的方法，说明出错是不可避免的。不过现在使用财务软件了，只要记账凭证不填错，之后的事项想出错都不容易呢。

【咨询】我有了会计证，想找工作，是不是用人单位都会问你要计算机证和英语证什么的？这些我都没有啊。

【解答】会计不看重这些，除非企业有这方面的要求。虽然企业要求会计会操作财务软件，也不需要计算机证，只有报考高级会计师的时候才要求参加计算机与外语的考试，但也不是你说的那两个证书。当然有总比没有强，应聘的时候可以拿出来增加砝码。

【咨询】会计电算化有点蒙，因为看书……真的很无语，怎么办？

【解答】建议你安装一个财务软件，上机实习。前提要懂得会计基础，懂得简单的账务处理，这样才能记住操作的方法，才有立体感。

【咨询】我有个同学的会计证被吊销了，是因为她做假账被发现了，我想了解下这方面的问题。

【解答】因违法违纪行为被吊销会计从业资格证书的人员,自被吊销之日起5年以内不得参加会计从业资格考试,不得重新取得会计从业资格证书。这也意味着5年内不许考会计技术资格了,所以当会计的一定要慎重。

会计常犯的违纪行为有:提供虚假财务会计报告,做假账,隐匿或者故意销毁会计凭证、会计账簿、财务会计报告,贪污,挪用公款,职务侵占等。

二、初级会计的考试

具有高中学历,有了会计从业资格证书,就可以参加初级会计资格考试了,这是会计职称的第一级。

【咨询】初级会计考试科目有哪些?

【解答】考试科目:初级会计实务、经济法基础,须在一个考试年度内通过全部科目的考试。

【咨询】会计员与助理会计师有什么区别?

【解答】都是初级会计职称,叫法不同。

助理会计师的条件:大专毕业担任会计员职务满2年;中专毕业担任会计员职务满4年;不具备规定学历,担任会计员职务满5年。否则只可聘任会计员职务。

【咨询】报考初级会计要注意些什么?

【解答】报考的时候订一套"全国会计专业技术资格考试辅导教材",选"财政部会计资格中心"编写的,比较权威。如果你自学能力不强,理解能力有限,就报考一个考试培训班。

复习的时候要全面,把细节都看透,尤其是书后的实务题,那些你会做了,做会计也就没问题了。

【咨询】取得会计初级职称后,可以担任什么工作?

【解答】具有初级职称的人,一般的业务都应该会处理,可以担任一般企业的会计工作。但还是要看你的理论联系实际的能力,如果只停留在书本知识的话,即使有中级职称也不能独立处理账务。

会计工作实践大于理论,因此,你要尽快多实践,才能胜任会计工作。

【咨询】我在 2 年前就取得了会计从业资格证,一直没有从事会计工作,现在我想考初级会计职称可以吗?

【解答】可以。不知道你拿到从业证后是否参加过会计继续教育,如果没有参加,报考初级会计的时候也许有麻烦,你可以先去试试,不行的话再与财政部门沟通,补办手续。

【咨询】请问初中毕业的人可以考会计初级职称吗?

【解答】按要求是不可以的,必须有高中学历。想办法参加自考吧,不然报考中级会计的起点学历是专科,你还是报考不了。

【咨询】据说会计考试每年都有变动,大概变动多少知识?我今年买的书,明年还能用吗?

【解答】参加会计考试的人都有这样的体会,考试内容一年一小变,三年一大变。以后与国际彻底接轨了,估计能稳定几年。

今年买的书,到了年末报名的时候,最好再订一套新出版的考试书,就算内容不变,有些章节也许会增减。具体的应参考当年的考试大纲,决定是否再订购。

【咨询】我想考初级会计,好考吗?与会计从业考试有什么区别?

【解答】会计从业资格考的是会计基础知识,借贷记账法、会计要素、会计科目、记账凭证、会计账簿、账务流程、财产清查等,有一些简单的业务处理。而初级会计考的是实务,业务知识比较全面,还有财务报告、产品成本核算、产品成本计算与分析、行政事业单位会计、财务管理基础等内容,范围广了,知识深了。

法规内容也不同。会计从业资格考的是会计法律制度、支付结算法律制度、税收征收管理法律制度、会计职业道德。到了初级资格,需要考劳动合同法律制度、营业税法律制度、个人所得税法律制度、其他相关税收法律制度、税收征收管理法律制度。

只要你下工夫,复习全了,不是很难。

下面摘一段一个学会计的小女生参加初级会计考试的考场记录:

考场纪实——铃声一响,争分夺秒,有了高考的基础,这一点我还是很清楚的。先答会的,回头再看模棱两可的。考完再审查一遍看有没有漏掉的题,还要保持卷面干净,坏了判卷老师的情绪就不好玩了。

我边上有位大姐才惨呢,她的铅笔不小心掉地上了,铅笔尖断了,急得她向监考老师求援,教训啊。

考试心得——看准了要求再答题,要集中精力、落笔迅速。试题里常识性的动词比较多,但判断题要求平时看书的时候注意细节。为了涂答题卡时又快又省力,事先把铅笔削扁,涂的面积大,就快,千万别涂串格了,没事的时候在纸上多练习,考试的时候时间是很珍贵的。

上午考了两个半小时《经济法基础》,感觉还可以,下午考了两个半小时的《初级会计实务》,出了考场,那种心里轻松、身体疲乏的滋味比爬泰山都强烈。

考试之前,我先把题型以及要求看了几遍,做到心中有数,免得到考场上挤占考试时间。

我把它写下来,给没考过会计的人做个参考:

《考试须知》:准考证上有,提前看,按要求做就可以了。

《初级会计实务》科目题型:

1. 单项选择题(本类题共 24 小题,每小题 1 分,共 24 分。每小题备选答案中,只有一个符合题意的正确答案。请将选定的答案,按答题卡要求,用 2B 铅笔填涂答题卡中题号 1～24 信息点。多选、错选、不选均不得分)

2. 多项选择题(本类题共 15 小题,每小题 2 分,共 30 分。每小题备选答案中,有两个或两个以上符合题意的正确答案。请将选定的答案,按答题卡要求,用 2B 铅笔填涂答题卡题号 25～39 信息点。多选、少选、错选、不选均不得分)

3. 判断题(本类题共 10 小题,每小题 1 分,共 10 分。请判断每小题的表述是否正确,并按答题卡要求,用 2B 铅笔填涂答题卡中题号 40～49 信息点。认为表述正确的,填涂答题卡中信息点[√];认为表述错误的,填表涂答题卡中信息点[×]。每小题答题正确的得 1 分,答题错误的扣 0.5 分,不答题的不得分也不扣分。本类题最低得分为零分)

4. 不定性选择题(本类题共 18 小题,每小题 2 分,共 36 分。每小题备选答案中,有一个或一个以上符合题意的正确答案。请将选定的答案,按答题卡要求,用 2B 铅笔填涂答题卡中题号 50～67 信息点,每小题全部选对得满分,少选得相应分值,多选、错选、不选均不得分)

《经济法基础》科目题型及要求与《初级会计实务》一样。

三、中级会计的考试

具有中级会计职称,应该能胜任企业的主管会计工作。

【咨询】中级会计考试科目有哪些?

【解答】考试科目:财务管理、经济法、中级会计实务。中级考试以 2 年为一个周期,必须在连续的两个考试年度内通过全部科目的考试。

【咨询】我有高中毕业证书,怎样才能成为会计师?

【解答】高中毕业没有资格报考会计师。不过也不是无路可走,我推荐你一个学习套餐吧。

1. 报考"会计从业资格",这样可以督促你学习会计。同时参加自考,找工作。

2. 拿到这个会计证后,你可以报考初级会计职称。同时,自考也在有序进行。

3. 四五年后,你拿到自考证书,达到了工作年限,就可以报考中级了。

【咨询】我准备报考会计中级职称,怎样安排考试科目比较好?

【解答】因为中级会计的考试成绩保留 2 年,最好先报考你认为难度大的,这样第二年考试的时候比较轻松。否则,第一年报考的那科轻松通过了,第二年的没及格,那么第一年的成绩也作废了,挺可惜的。

【咨询】我不考初级会计可以直接报考中级会计师吗?

【解答】可以啊,只要你符合了报考中级会计师的条件。

【咨询】我是在校大学生,想报考中级会计师可以吗?

【解答】原则上不可以,你看看报考中级会计师的条件:

1. 有会计从业资格证书。

2. 有专科以上毕业证书。

3. 有专科学历的要求有 5 年工作经验,本科的需要 4 年。

4. 有的省还有年龄限制,报名的当年要满 24 周岁。

这些条件限制了你必须毕业后和达到工作年限才可以报考中级会计师。

【咨询】 我现在是事业单位的会计,事业单位的会计和企业的会计有什么不同?考中级职称的时候还是企业的知识多吧,我应该怎么把握重点呢?

【解答】 在初级会计实务里有一章专门讲"行政事业会计"的。

因为企业和事业的性质不同,会计核算方法也不同。企业是为了盈利,而事业属于公益,会计核算也简单得多。

在事业单位做会计,想考会计职称有点难度,有些业务接触不到也就不容易理解,重点是成本核算、利润结转以及分配。你把事业单位的会计科目跟企业的会计科目进行对比,缺什么补什么吧。

【咨询】 我想报考中级会计师,去网校报名还是自己去报名好?

【解答】 你问的是通过网校统一去报名吧?如果你参加了那个网校的学习,他们有那项服务是可以的,否则自己去当地财政局的相关网站报名。

【咨询】 为了考试,整天晕晕乎乎我都搞不清自己是谁了。

【解答】 现在搞不清楚自己是谁,是为了将来让别人认识自己是谁!

【咨询】 我今年本科毕业,想报考会计中级职称,可是按规定要 4 年后才能报考,请问有没有什么其他途径可以报考?

【解答】 我接触一些有中级职称的人,他们因为没有工作经验而不敢去应聘,总觉得心里没底。有的怀揣着中级证书却被企业拒之门外,是因为一些具体的业务不会处理。

我还听说有的城市招聘会计的时候,更看重经验而非证书。

因此,我建议你别急于考证,等有了一定的工作经验后再报考也更容易通过。

【咨询】 我是今年 5 月份取得的会计从业资格证,现在读研一,我什么时候能报考会计中级职称呢?

【解答】 你取得了硕士学位,只要有 1 年的工作时间就可以报考了。这个工作时间各省的要求不一样,有的看会计从业证书上的时间,有的看单位证明,还有的看会计证上的注册时间。你要问当地的财政部门,报考的标准毕竟是他们说了算。

【咨询】必须要考中级会计职称吗?我复习了1年觉得很难。还有,会计必须都要参加职称考试吗?

【解答】都不是必需的。

如果你只想粗茶淡饭,解决温饱就满足了,那么安于现状也很快乐。可是有些人想开跑车、住别墅,就要靠自己的能量了,这个能量,很大程度来源于考证上。高级会计师和初级会计师的薪水和待遇肯定不同,将来的个人发展和境遇也可能不同。

会计考证,有点像驾驶员考证,没有驾照,给你一辆好车你也开不走,只能眼睁睁地看着别人开走。当然了,你也可以选择坐出租,但感觉是不一样的。你也可以买辆车,让别人驾驶你享受,那感觉也不错。可是车钱从何而来啊?

说得有点远了,但道理你懂了吧?对,机会总是留给有准备的人。

四、高级会计的考评

高级会计师是会计职称的最高级别,需要考评结合。

【咨询】高级会计师的级别还分正高、副高,是什么意思?

【解答】都知道会计的技术资格有三个级:初级、中级、高级。其中高级会计师又分为副高级会计师和正高级会计师,就像学校的副教授和正教授的级别一样。

现在的高级会计师是副高,正高已经在有些城市试点了,以后国家会有统一的考评标准。

【咨询】高级会计师的考试项目是在一起考吗?难吗?

【解答】考评的顺序和内容是这样的:一要考计算机,二要考外语,三要考高级会计师实务,四要有省级以上的论文,五要有单位的业绩证明材料。

有人说注会是最难的,其实高级会计师的难度与注册会计师的难度各有侧重点。考试通过了,还有评审一关,这里有很多的硬性指标限制你,既

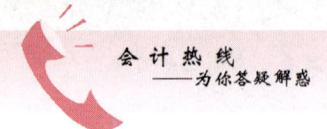

要有工作经历,又需要学识水平,要1年的时间过五关斩六将才能运作完,还不一定能通过。

【咨询】对论文或著作的要求是怎样的?

【解答】这个要求各省也略有差别,需要有下面的论文或著作其中之一:

1. 在市级以上学术刊物上发表不少于3篇有价值的专业学术论文。

2. 在省级以上专业学术会议上被选用交流不少于2篇有价值的专业学术论文。

3. 经行业专家认定的有独创见解的专题报告3篇以上。

4. 被市级的会计学术团体评为优秀论文或被收入论文集2篇以上。

5. 正式出版专业译著。

6. 撰写出版3万字以上本专业专著或合著。

五、注册会计的考试

通过了注会考试,等于端上了铁饭碗,要镀金,靠自己。

【咨询】注册会计师考试与职称考试一样吗?

【解答】不太一样,注册会计师的考试分两个阶段。

1. 专业阶段。

报考条件:有专科以上学历或者具有会计或者相关专业中级以上技术职称的。

考试科目:会计、审计、财务成本管理、公司战略与风险管理、经济法、税法。

2. 综合阶段。

报考条件:已取得专业阶段考试合格证书的。

考试科目:职业能力综合测试(试卷一、试卷二)。

【咨询】我学的专业是会计,但工作后一直没有从事财务工作。我想报考注会,曾先后给两家会计师事务所打电话,询问是否要有注会证书的人。可是两家老板的回答让我很失望,他们都说只需要有工作经验的。我很想知道,现在为什么都想要有经验的?

【解答】因为注会前几年很抢手,只要获取证书,就可以在会计师事务所挂名,使得大批的毕业生都来挤这座独立桥。上来的人多了,企业管理者的眼光自然就高了,他们要求招聘来的人能直接创收。

举个例子,你家想找一个保姆,有两个人选,一个是有经验的,一个是什么都不会的,你会选谁?

国家也注意到注册会计师动手能力差的问题,已经于 2009 年把考试的科目由原来的 5 科增加到 7 科,要求专业阶段考试合格后,必须经过 1 年的锻炼,才允许你报考综合阶段的考试。与国际上注会的考试标准更接近了。

【咨询】我今年毕业了,我的奋斗目标就是 3 年内拿下注会,不管多苦我都忍了,祝福我吧。

【解答】准确地说你这不能叫咨询,是表决心。我的解答也随之变味,除了祝福,还有劝告。

因为注册会计师的考试难度大,使其证书的含金量也高。有新闻媒体报道注册会计师需求有很大的缺口,让人蜂拥而至,更有人把考取注会作为终极目标,所以我想借机说两句。

如果不想在会计师事务所里工作,考注会不是必经之路。因为考试难度大,单科通过率在 15% 左右。听说全国第一次综合阶段的考试,参加的人很少,每个省份不足百人。

现在注会的考试难度下降了,科目增多了,年限加长了,最快要 2 年,最长达 8 年,一个 8 年青春就过去了。

另外,注会的待遇已经不如从前,你考试过关了,如果实践不过关,不能胜任复杂的工作,到了会计师事务所多是做帮手,工资不高,有的是挣效益工资,压力更大。很多人都想进四大,因为待遇好,可是四大的要求也高。

如果你没有进会计师事务所工作,与其把大量的精力和时间花在合格率很低的考证上,不如你把复习考试的时间用在工作实践上,花一样的工夫,收获不一定低。

当然,人各有志,你志在必得,我还是祝福你吧。奋斗了,才不后悔。

本来想说两句的,结果一说就刹不住闸了,变成了十几句,但愿对你有用。

【咨询】注册会计师的执业会员和非执业会员是怎么回事?

【解答】注册会计师的7科成绩合格者,可持成绩合格凭证,向地方考试委员会办公室申请换发全科合格证书,这时你就可以申请成为中国注册会计师协会会员,至少在5年内申请,否则还要参加相关测试。入会后的你只是非执业会员,每年要接受年检,参加继续教育,每年缴纳100元会费。

只有进入会计师事务所,有2年审计工作经验后才能申报转为执业会员,获得注册会计师证书,这时候你就具有签字权了。当然会费也多,每年1 000元。

【咨询】报考CPA,如果没有工作经验是否更困难?

【解答】因为专业阶段的考试,国家没有要求工作经验,所以书面上的内容更多一些。但到了综合考试,一定要有工作经验。

我一直认为有了企业会计工作经验再报考注册会计师,理解能力更强,更有利于以后的审计工作。

【咨询】中级会计师和注册会计师哪个有"钱途"?

【解答】相对来讲,还是注册会计师的"钱途"广,不然人们不会趋之若鹜。

其实,"钱途"是靠自己争取的,不是靠证书取得的。有的人有注册会计师证书,也不见得薪水高;有的会计师做到了财务总监的位置,比注册会计师"钱途"亮多了。

【咨询】我没有接触过会计,但很想考取注册会计师,能考上吗?我应该从基本的会计书看起呢,还是直接看注会教材?

【解答】有外行通过努力考取注会的例子。

你可以直接看注会教材,因为会计那科还是很基础的。

【咨询】会计师和注册会计师有什么区别?

【解答】中级会计师是专业资格,注册会计师是执业资格,两者虽然都与会计有关,但工作的侧重点是有区别的:中级会计师是在企业记账的,服务于企业;注册会计师是在事务所查账的,服务于中介机构。

现在很多企业也愿意要注册会计师,可能是因为考试难度大,觉得证书的含金量也高,应该更有水平吧。

在国外通常把注册会计师简称"会计师",在国内会计师指的是中级会计师,而把注册会计师简称为"注会"了。

【咨询】每次和家人谈心后我就下决心一定要考上注会！赶紧看书！回到屋里就趴在电脑前……

【解答】……

【咨询】高级会计师和注册会计师,哪个有分量?

【解答】这是两条道路上的会计人,高级会计师是在企事业单位工作的,注册会计师是在事务所工作的。换句话说,注册会计师有权检查高级会计师的账;反之则不能。

至于哪个有分量,你指的是什么? 工作分量还是薪水分量?

我们知道,注册会计师考试的含金量是最高的。但本着"物以稀为贵"的原则,高级会计师的人数是最少的,大约是注会的一半,而且企业的数量远远大于事务所的数量,那么这两种人占所在部门中的比例就出来了。

【咨询】会计行业都有哪些证书?

【解答】我给你来个会计考证集锦。

1. 会计从业资格证书。

2. 会计专业技术资格证书——初级会计、中级会计、高级会计。

3. 会计执业资格证书——注册会计师(CPA)、注册税务师(CTA)、注册评估师(CPV)。

4. 国际认证会计证书——特许公认会计师(ACCA)、注册管理会计师(CMA)、国际会计师(AIA)。

第二节 学 习 问 题

会计的一生,是不断学习的一生,只要当上会计,每年都要接受继续教育。

一、专业配合的问题

因为会计工作需求量大,所以有些非专业人士也想进来瞧瞧。

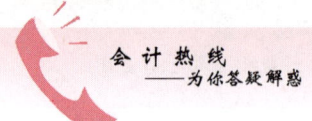
【咨询】我的法学是第一学位,会计是第二学位,就业前景怎样?

【解答】你的这两个学位关联度很高,你有两个证书,比有一个证书的找工作更有竞争力。

【咨询】我在大学学的是中文,现在想选修会计,不知道是会计专业好,还是会计电算化专业好?哪一个好就业?

【解答】会计专业偏向手工核算,电算化会计侧重财务软件,所学课程几乎一样。我觉得会计电算化好一些,现在很多企业招聘会计的时候都要求熟练操作财务软件,学电算化会计更具优势。有手工操作基础,再学财务软件操作,心明眼亮。

关于就业的问题,一要看能力,二要看机会。只要你是人才,什么专业都好找工作。

【咨询】如果学会计专业,选学哪一个双学位对以后就业有好处?

【解答】学金融,将来可以进银行、进证券公司;学法律,将来可以去法院、律师事务所;如果选工商管理,将来会走向管理岗位。关键还是看你个人的兴趣和追求。

【咨询】我是专科生,显得没优势,是否继续学本科呢?说实话我不愿意学习。

【解答】如果想学习,可以专升本,也可以自考本科。

结合你的"实话",我觉得没必要再花费2年的时间升本科了,你可以用这2年的时间花在考职称或者考注会上。

因为专科证书考注会、考公务员都够用,除非你想进国企,本科和专科在工资上是有差别的。

如果想考注会,专科毕业后就可以考,考上后和本科考上的没有区别。

如果你想考职称,毕业后有了5年的工作经历就可以报考中级会计师,本科毕业要4年,但是他比你晚工作1年,时间上是一样的。

会计到了工作岗位,拼的还是专业能力,尤其是私企。

别自卑,加油!

【咨询】现在我是大一的学生,在读会计,想报考第二专业,人力资源和金融专业,哪个与会计相搭配呢?

【解答】首先要看你喜欢什么专业,人往往能在喜欢的职业中做得更出色。

人力资源,在大企业越来越受欢迎,总体看就业面不如会计大,但是选择范围比金融企业广。

金融专业,如果能进编制,待遇比一般的企业好,而且更贴近会计专业。

综合看,还是金融专业与会计更搭配。

【咨询】在大学里读会计学好,还是财务管理好?

【解答】财务管理侧重于管理,会计侧重于核算。如果你喜欢管理、分析,那么建议你学财务管理;如果你适合核算,就学会计。

其实好会计也应该学会管理,这两科有共性的东西,差别不是很大,会计专业也有财务管理的课程,财务管理出来也可以做会计。

【咨询】会计、药品经营与管理、市场营销、劳动与社会保障、文秘、哪个专业好? 哪个更有用?

【解答】你选的这些专业跨度太大了。

专业没有好坏之分,看你学得好与坏,哪个行业学精通了都可以出类拔萃有出息。

【咨询】听说金融和会计这两个专业都不错,还有法律,不知道还有什么比较好?

【解答】你选的专业很接近,关键看你将来去什么行业。如果你想在律师事务所工作,我觉得法律专业最好;如果你想进金融系统,报考金融最对口;如果想去任何一个单位,那么就非会计专业莫属了。

这些都要看你的兴趣,别让你的证书浪费了才是硬道理。

【咨询】成本会计和税务会计,哪个比较容易学?

【解答】至于哪个容易,要看个人的理解能力和学习能力。

税务会计属于会计的分支,现在越来越被重视,只要把税法研究明白,会应用,还是很受企业欢迎的。

成本会计是经过一百多年的实践总结出来的学科,其核算方法基本是一定的,只要企业的情况选定一种就可以了,重要的是成本管理。

税务会计的职责要搞好税收筹划,而不是避税,避税国家是反对的,所以弄不好就有偷税嫌疑,责任重大。我个人觉得做好税务会计不容易,因为税法的规定总是变化的,只有吃透税法的条文,才能做好税务会计。

二、继续教育的问题

学习,是给自身能力加砝码;不学,就会落后;落后,就会被淘汰。

【咨询】继续教育是怎么回事?是报培训班还是在网上做卷子?

【解答】继续教育是每个有会计从业资格证书的人都要参加的学习,学习后要考试,考试合格后在会计证上有记载。

当地的财政部门会组织统一学习,有的省份已经开了网上学习班,时间更自由。

【咨询】我是2013年考取的《会计从业资格证书》,什么时候参加继续教育?

【解答】可以从2014年开始参加继续教育,以后每年都要参加。

【咨询】我原来在当地考取了会计证,然后外出打工,3年了也没有年检,为了省钱,今年我又重新报考了会计证,当我从网上打印申请表时,网上提示:您已领过会计从业资格证,不能重复领取。我怎么办?

【解答】因为同一个身份证号只能有一个证书,财政部门有记录。原来的证书不会作废,可能要补一下手续,问题不大。你可以去当地的财政局会计科问问,具体怎么办他们会告诉你。

【咨询】我去年在家乡考取的会计证,可是今年我调到南方工作了,今年到了继续教育时间,我不可能回去参加培训了,怎么办?

【解答】你可以办理会计证迁移手续。

如果你是跨省调转,拿着从业证,到原管理机构,填写调转登记表,办理调出手续。然后在3个月之内,带上从业证、调转登记表(见表2-1)和在调入地的工作证明(或户籍证明、居住证明),到调入地管理机构办理调入手续。

持证人员在办理会计从业资格调转时,未按规定完成以前年度继续教育的,需在调出地补齐后,方可办理会计从业资格调转手续。

持证人员在办理会计从业资格调转时,未完成当年继续教育的,调出地会计从业资格管理机构应当在其调转登记表中予以注明,持证人员调转后,须参加调入地的当年继续教育。

表 2-1

中华人民共和国会计从业资格调转登记表

流水号:

姓名		性别	
会计从业资格证书档案号码		发证日期	年 月
发证机关		是否已完成当年继续教育	
调出地(或中央管理单位)		调出单位名称	
拟调入地(或中央管理单位)		拟调入单位名称	
本人承诺对所填报内容及证明材料的真实性负责。 本人签名: 年 月 日 (委托代理人签名:)			
调出地会计从业资格管理机构审核 (盖章) 经办人: 电话 年 月 日		调入地会计从业资格管理机构审核 (盖章) 经办人: 电话 年 月 日	

填表说明:

1. 表中"流水号""是否已完成当年继续教育"项由调出地会计从业资格管理机构填写。

2. 从业资格证书上所列档案号码尚未变更为身份证号码的,按身份证号码填写"会计从业资格证书档案号码"项,所持证书仍然有效。

3. "调出地"或"拟调入地"项应填写到县级;"调出单位"或"拟调入单位"为中共中央直属机关事务管理局、国务院机关事务管理局、中国人民解放军总后勤部、中国人民武装警察部队后勤部、铁道部(以下简称中央管理单位)管理的单位的,"调出地"或"拟调入地"项应填写中央管理单位的名称。

4. 办理调转手续时拟调入单位未确定的,"拟调入单位名称"项填写"待定"。

5. 持证人员应在自调出之日起 90 个工作日内,持会计从业资格证书、调转登记表、身份证件和调入单位开具的从事会计工作证明(或工作证明、户籍证明、居住地证明、暂住地证明)向调入地会计从业资格管理机构申请办理调入手续。

6. 表格一式三份,本人持一份,调出地会计从业资格管理机构留存一份,调入地会计从业资格管理机构留存一份。

【咨询】我是一名大学应届毕业生,在学校学的是工商管理专业,但我比较喜欢会计,也觉得自己适合从事会计工作。我现在有会计从业资格证,可我发现企业都愿意要会计专业的,请问我要从哪里开始学习会计,才能达到一个从事会计工作的要求?

【解答】现在的企业招聘会计,要看学历、看经历、看职称,如果三样都具备,腰板就很直。

你现在有了会计证,还要接着考初级证,做会计的最好有中级证。眼下你最要紧的是练就真本事,找一家企业实习一段时间,边实习,边复习,准备考初级。初级的会计知识掌握了,一般的账务处理就没问题了。或者在短时间内熟悉业务,如果你找工作的时候,能把会计的那点事儿道出个一二三,我想企业不会只把眼睛盯在毕业证书上的。

【咨询】我还是一名在校生,大概6月毕业,实践经验很少,在学校学会计学得马马虎虎,现在才要认真起来。我记账凭证粘贴原始凭证,还有装订打包在学校学得都不好,现在回到家里都没机会练习了,我觉得会计应该从细节做起吧,这些也是很重要的,这些该怎么练,怎么学呢?

【解答】在学校学的是书本知识,很多实际工作要到岗位上慢慢磨炼,开始笨手笨脚都很正常,庖丁解牛也不是一蹴而就的,都需要有一个过程,别着急。你能提到粘贴票据、装订凭证,说明你已经注意到了这些细节,这正是会计工作不可缺少的一部分呢。你要学会把教材上的内容应用到工作中,要学会联系,随着时间,接触得多了,你的经验就积累起来了。

工作后还有个纳税问题,现在很多企业纳税也是在网上进行的,这些要到企业才会接触到。

【咨询】我在自学会计,不学成本会计和管理会计可以吗?

【解答】你不想做工业会计,可以先不学成本会计。管理会计目前应用好的企业不多,只有为数很少的一些大型企业在实行,也可以不学。这样会减轻一些负担。等你有了基础,再学也不迟。

【咨询】我是中途自学的会计,现在想找会计工作,但是没有经验,没有具体的实践经验,我该掌握哪些知识,哪些是我该掌握的,请指点。

【解答】不知道你是否有会计从业证,是否报考过初级会计,因为《初级会计实务》就是讲处理账务的,后面有"综合举例",那些都是最基础的会计知识。

如果你想工作,还要有点经验。获取经验的途径:一是自己去财务部门实习,能找到工作最好,哪怕做出纳,那是最接近会计工作的职位了;二是学别人的工作经验,这可以从书里获取。

【咨询】实习的时候要注意些什么?准备点什么?

【解答】准备点理论知识,因为你实习的时候,他们会给你账,你要能看得懂才行,对不懂的业务要问。注意看企业的业务流程、账务流程,翻看记账凭证的时候,关键要看原始凭证,留心他们依据哪些原始凭证和使用哪些会计科目。这样你工作后,假设使用的是财务软件,你会操作了,就能处理账务了。

【咨询】最近有一家企业招聘费用会计,我想应聘,应该看哪些方面的书?

【解答】费用会计一般是核算期间费用的,包括管理费用、销售费用、财务费用,把这"三费"弄明白就可以了,没有专门的书。

费用会计是财务工作的一部分,其他的还有材料会计、成本会计、往来会计等,只是会计岗位的分工不同,一般出现在大中型企业。

【咨询】我正参加自考,后年才能拿到毕业证。现在一家汽车4S店做收银,有会计证,将来想做会计。可是我又不知道该怎么安排时间和从哪里着手。比如初级考试应不应该报名?报名后是自己看书好,还是报个补习班好?我怎么规划比较合理?

【解答】看得出你是有目标的人,我试着帮你规划几步:

1. 今年可以报考初级会计,如果你觉得自学不容易理解,就报考一个相应级别的考试复习班,你报考的时候买一套财政部专用初级考试用书。

2. 拿到毕业证后,工作年限也够了,可以报考中级会计。

3. 如果你有决心且有能力考试就报考注册会计师试试。

会计的最高职称是高级会计师,太长远了,暂不做打算。

【咨询】我很迷茫,对于会计感觉模棱两可,想学得扎实一点,请问能有什么方法和途径?

【解答】你的心情代表了大多数的同学,学的知识觉得很浮,因为没有接触到实际工作,总会觉得那些知识不着边际,就像看书描写长城一样,知道它很长,很壮观,只局限在字面上。等你亲自登上长城后,你会由衷地感叹,原来是这个样子啊!二维形象会马上变成三维形象。

做会计也是一样,只有你坐在办公桌前,拿起原始票据做记账凭证的时候,才会感受到,这就是会计工作。1个月下来,心里就有数了。这个数是实实在在的,而不是在教科书上看到的"数",那个"数"是生硬的,而工作中的"数"是生动的。

说了这么多,一个中心意思就是在实践中锻炼自己,才能真正体会到扎实,这是最实际的方法和途径。

【咨询】我报名参加了会计自学考试,可是我看的那些专业书很难懂,快考试了,我很犯愁。

【解答】先考考你,下面的概念你是否理解。

收入:收入是指企业在日常活动中所形成的、会导致所有者权益增加的、与所有者投入资本无关的经济利益的总流入。

负债:负债是指企业过去的交易或事项形成的、预期会导致经济利益流出企业的现时义务。

如果你看了一遍就懂了,那么就认真看教材学习吧。如果不懂,建议你先选通俗的会计书看,比如《跟妈妈学会计》,通篇都是用通俗的语言讲解会计知识,很容易理解,入门快。等你看完这本书,回头再看自学教材,就容易接受了。这也是众多读者的感受。

【咨询】我发现会计实操的培训有以下三个地方:一是专门的会计培训机构;二是会计公司;三是一些有经验的老会计在家里办的培训班。在哪里学更有效果呢?

【解答】不管是哪类形式,主要还要看会计教师的讲课水平。有的会计经验有余而授课水平不足,就像茶壶煮饺子,有嘴倒不出;有的学校书本知识有余而实践经验不足,如同纸上谈兵。最好能找到又有经验、又有讲解水平的老师,这才是文武双全的老师。祝你好运!

【咨询】税务会计师好考吗？对于有点会计基础的人要学多久？税务会计师证的含金量怎么样？

【解答】你说的是注册税务师吧？它比注册会计师好考,但是没有注会的含金量高。

对于有点会计基础的人报考注册税务师,还需要很多的税务知识。从考试的科目上就能看出来:《税法(一)》、《税法(二)》、《税务代理实务》、《财务与会计》、《税收相关法律》,这5科必须在连续3个考试年度内全部通过。现在报考的人不算多,如果考上了,就业不成问题。

凡是带有"注册"两个字的证书含金量都不低。

【咨询】怎样才能把会计学精呢？需要怎样的一个过程？怎么样规划？

【解答】把会计学精,的确需要过程。

首先是考证。

会计职业还是靠证书吃饭的,尤其是对于职场新人,证书就是敲门砖。从初级到中级,这是第一个目标,高级会计师需要沉淀,需要资历,先不做考虑,但那是目标。有人毕业后直奔注册会计师,都知道那个证书含金量高,如果你不能进入会计师事务所,还是老老实实地考职称吧,考注会很磨人的,我深有体会。

其次是实践。

有了证书并不能代表你的工作水平和能力,要不然很多企业都招要有工作经验的呢,有些地区已经不看证书看能力了。所以,对于刚毕业的学生,不要计较报酬和待遇,关键是先把翅膀练硬了,有了飞的能力后再找好的栖息场所。

如果用坐标的形式表现是这样:

纵向——参加技术资格考试,不失为一种强迫的学习方式,一步一个台阶,随着职称高度的增加,难度也在加大,也是在往精的方向发展。

横向——实践,接触的行业越多,眼界越开阔,见识就越丰富。

【咨询】我刚做会计,在学校学的知识几乎忘光了。现在惨了,啥都不会,连会计流程是啥都不知道,税法什么的也不懂,我该怎么办?

【解答】怎么办?面壁去!家长给你花了那么多的学费算打水漂了。我也是家长,听了你这话,我有种打人的冲动,幸亏你没在我跟前。

说归说,好在你已经有了工作,那么快速磨枪吧。找来以前的书本,上面已经都有账务流程。如果你的工作是接替前任会计的,还有现成的记账凭证供你参考,依葫芦画瓢。然后你边工作边报考职称。先报考初级会计技术资格,到了年限再报考中级会计资格,这样你就可以有规律地学习了。结合工作学习,更透彻。

 **我的故事**

只要当上会计,就与考试结下了不解之缘,只要你想考,总有一个级别在前面等着你。会计是一个活到老、学到老的职业,因为每年都会出台一些新政策。会计又是一个与时俱进的职业,不学就要掉队。

1992年,是会计职称"以考代评"改革的第一年。当时我的职称是助理会计师,我想全国的考试远比省内的权威多了。第二年我报考了中级职称,几个月后红头文件下来了,我通过了,而且在全局只有2名通过了!为此,我陶醉了好几个小时。

那时候我还不敢想高级会计的事儿,因为都是论资排辈的,我想自己退休前能晋升就很满足了。

没想到2003年,高级会计师也要全国统考了,考试合格后才能参加评审。当时只在浙江、湖北两省首先试点,2004年,又增加了14个试点省份,我的机会来了。

在这之前我一直在做准备——在省级刊物上发表过2篇论文,在国家级的刊物上发表过1篇,而且我的资历也达到了要求。

那一年,我先是参加计算机和外语考试,合格后参加高级会计师实务的考试,都合格后,开始报审核材料参加评审。

这样连考带审折腾了1年,我终于"升高"了。

原以为在会计行业我的职称已经到了尽头,没想到国家开始在一些省份做"正高"的考评试点,到目前为止还没有在全国推广。

会计考试,真是绵绵无绝期啊!

会计的价值,最初是体现在职称上,但最终还是体现在水平和能力上。

记住:年轻吃苦,年老享福。

第三章

账务上的疑惑

初次参加工作的人到了会计岗位,看见原始凭证不知道使用什么会计科目,遇到书本上没有的实际问题又不会处理业务,总有一些模棱两可的问题,怎么才能辨别清楚呢?

第一节 掌握基础

没有基础知识的会计,就像不会站立的孩子,想跑,很难。

一、会计要素的分类

企业有很多的经济业务,只有分门别类,才便于会计核算。

【咨询】企业的经济业务是怎样分类的?

【解答】企业的经济业务,从会计的角度分成六类——资产、负债、所有者权益、收入、费用、利润,这就是有名的会计六要素。

【咨询】企业的资产总额为 300 万元,负债为 100 万元,为什么所有者权益是 200 万元?

【解答】首先你要知道资产、负债、所有者权益的概念。

1. 资产:企业有权支配的有形物和无形物。

比如:库存里的现金、银行里的存款、应收的欠款、企业的商品等流动资产,还有房屋、设备等固定资产,还有商标权、专利权等无形资产。它们归企业调遣,就是企业的资产。

2. 负债:就是各类欠款。

例如:买资产的时候,自己的钱不够,就要向金融企业借款;企业购买商品欠供货方的款项;本月计提的税金,暂时没缴纳的税金。不管是欠银行的借款,还是欠商家的货款,还是欠税务局的税款,都叫负债。

3. 所有者权益:资产扣除负债,剩余的就是净资产,也叫所有者权益,是归投资者所有的资产。

比如,企业买了 10 万元的设备,其中 8 万元是自己的钱,另外 2 万元就是借的,那么这 10 万元的设备应该是这样去的资产:那 2 万元是负债,所有者权益是 8 万元,也就是说,那 8 万元才真正属于企业所有者的。

现在你已经知道了这三个要素的关系了,这就是会计的第一个恒等式:资产－负债＝所有者权益,你把数字套进去,答案就出来了。

这个恒等式是反映企业的财务状况,也就是财务的分布情况。

【咨询】会计的第二个恒等式是什么?

【解答】收入－费用＝利润

这个简单多了,也容易理解,是反映企业经营成果的。

1. 收入:是企业的营业收入。

2. 费用:包括成本、税金、日常花销等支出。

3. 利润:收入扣除费用就是利润。

把上述六个要素混合到一起重新编排:

资产＋费用＝负债＋所有者权益＋收入－利润

这里的"＝"号就像天平,左右应该是相等的。

记住这个公式,对以后分清借贷方有好处。

【咨询】资产类能同增或同减吗?

【解答】不能,因为同一种会计要素之间只能有增有减,不可能同增同减。就像你用钱买物品,商家可能把钱还给你再把物品送给你吗? 同理,负债也不可能有同增同减的情况。

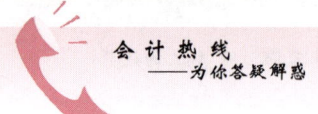
在会计恒等式中你可以看出来,资产＝负债＋所有者权益,只有在等号两边的会计要素里,才会有同增同减的情况发生。

二、会计科目的掌握

会计科目是反映经济业务的工具。

【咨询】我在学校学的是《企业会计准则》,现在一家小企业当会计,执行《小企业会计准则》,两者有什么区别?

【解答】《企业会计准则》是给大中型企业制定的,《小企业会计准则》是给小企业制定的,可以说《小企业会计准则》是《企业会计准则》的简化版。

区别如下:

1. 使用的范围不同:大中型企业使用《企业会计准则》,小企业使用《小企业会计准则》。

2. 科目的数量不同:《企业会计准则》有156个,《小企业会计准则》有58个。

3. 减值的方法不同:《企业会计准则》要求有八项资产减值准备,而《小企业会计准则》一项也没有。

4. 核算的方式不同:《小企业会计准则》较《企业会计准则》有所简化,我就不细说了。

有一点要注意,考试的时候以《企业会计准则》为准。

【咨询】我们学的是《企业会计准则》,里边有156个会计科目,记不住怎么办啊?

【解答】那156个科目囊括了企业所有的业务项目,在实际应用的时候,至少有一半多用不上。如果为了工作,只记住常用的;如果为了考试,就要熟悉它们。

记科目的时候,要把其核算的内容联系起来,这样对你熟悉业务也有好处。

你看,每个会计科目的名称就是经济业务的缩写。比如"应收账款"科目,它的核算内容是:企业因销售商品、产品、提供劳务等应向购货单位或接受劳务单位收取的款项。再比如"库存商品",它的核算内容是:企业验收合格入库的可以对外销售的各种商品,包括外购的商品和自制的产成品等。应用多了,自然就记住了。

【咨询】企业有资产300万元,用银行存款偿还借款50万元,又以银行存款60万元购买固定资产,该企业的总资产怎么就成了250万元?

【解答】你要把会计要素和会计科目联系起来看。

资产的基数是300万元,银行存款属于资产类,固定资产也是资产类,而借款是负债类。

用银行存款还款,资产减少,负债减少。也就是说原来300万元的资产,减去50万元,剩下了250万元。

之后又用60万元的银行存款购买固定资产,两者都是资产类科目,属于资产内部的增减,没有变化,因此资产还是250万元。

为了使你能更加理解资产、负债、所有者权益三者之间的关系,看下面这张小企业的资产负债表(表3-1)。

表3-1

资 产 负 债 表

会小企01表

编制单位:			年　月　日			单位:元
资　　产	行次	期末余额	年初余额	负债和所有者权益(或股东权益)	行次	期末余额	年初余额
流动资产:				流动负债:			
货币资金	1			短期借款	31		
短期投资	2			应付票据	32		
应收票据	3			应付账款	33		
应收账款	4			预收账款	34		
预付账款	5			应付职工薪酬	35		
应收股利	6			应交税费	36		
应收利息	7			应付利息	37		
其他应收款	8			应付利润	38		
存货	9			其他应付款	39		

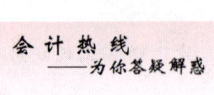
（续表）

资　　产	行次	期末余额	年初余额	负债和所有者权益（或股东权益）	行次	期末余额	年初余额
其中:原材料	10			其他流动负债	40		
在产品	11			流动负债合计	41		
库存商品	12			非流动负债:			
周转材料	13			长期借款	42		
其他流动资产	14			长期应付款	43		
流动资产合计	15			递延收益	44		
非流动资产:				其他非流动负债	45		
长期债券投资	16			非流动负债合计	46		
长期股权投资	17			负债合计	47		
固定资产原价	18						
减:累计折旧	19						
固定资产账面价值	20						
在建工程	21						
工程物资	22						
固定资产清理	23						
生产性生物资产	24			所有者权益（或股东权益）:			
无形资产	25			实收资本（或股本）	48		
开发支出	26			资本公积	49		
长期待摊费用	27			盈余公积	50		
其他非流动资产	28			未分配利润	51		
非流动资产合计	29			所有者权益（或股东权益）合计	52		
资产总计	30			负债和所有者权益（或股东权益）总计	53		

单位负责人：　　　财会负责人：　　　复核：　　　制表：

左边都是资产类科目,右边的上半部是负债类科目,下半部是所有者权益科目。从表上看,正好符合会计恒等式:资产＝负债＋所有者权益。

另外,里边的小项目就是会计科目,当然,除了"货币资金""存货"还有"未分配利润"。

【咨询】企业的财务报表上体现的负债是 80 万元,本月用银行存款还了 30 万元借款,又还了应付账款 21 万元,负债还剩多少?

【解答】你求的是负债,那么就把与负债有关系的列出来。

负债基数是 80 万元,还借款 30 万元,还应付账款 21 万元,这都是负债的减少金额。

剩余负债＝80－30－21＝29(万元)

【咨询】本年收入 800 万元,成本 600 万元,费用 90 万元,利润应该是 110 万元吧? 会计恒等式里不包含成本啊,怎么计算出来的?

【解答】在会计恒等式里,"费用"是一个大概念,"成本"与收入相对应的。如果有了收入,那么这个成本就算支出项,属于"费用"。

你看下面的利润表,它是分步式的,从营业收入算起,加减下面的费用项目。

根据会计恒等式:收入－费用＝利润

800－600－90＝110(万元)

这 110 万元,严格地讲叫"利润",计算出所得税费用,减去后剩余的才叫"净利润"。

下面是小企业的利润表(表 3-2)。

表 3-2

利 润 表

会小企 02 表

编制单位:　　　　　　　年　月　　　　　　单位:元

项　　目	行次	本年累计金额	本月金额
一、营业收入	1		
减:营业成本	2		
营业税金及附加	3		
其中:消费税	4		
营业税	5		
城市维护建设税	6		

（续表）

项　　目	行次	本年累计金额	本月金额
资源税	7		
土地增值税	8		
城镇土地使用税、房产税、车船税、印花税	9		
教育费附加、矿产资源补偿费、排污费	10		
销售费用	11		
其中:商品维修费	12		
广告费和业务宣传费	13		
管理费用	14		
其中:开办费	15		
业务招待费	16		
研究费用	17		
财务费用	18		
其中:利息费用(收入以"—"号填列)	19		
加:投资收益(损失以"—"号填列)	20		
二、营业利润(亏损以"—"号填列)	21		
加:营业外收入	22		
其中:政府补助	23		
减:营业外支出	24		
其中:坏账损失	25		
无法收回的长期债券投资损失	26		
无法收回的长期股权投资损失	27		
自然灾害等不可抗力因素造成的损失	28		
税收滞纳金	29		
三、利润总额(亏损总额以"—"号填列)	30		
减:所得税费用	31		
四、净利润(净亏损以"—"号填列)	32		

单位负责人:　　　　财会负责人:　　　　复核:　　　　制表:

【咨询】大、小企业会计准则列示的财务报表不一样吗?

【解答】主要项目是一样的,大同小异。

上面看到的是两张小企业的财务报表,下面是小企业的现金流量表(表3-3)。

表 3-3

现 金 流 量 表

会小企 03 表

编制单位：　　　　　　　　　　年　　月　　　　　　　　单位：元

项　　　目	行次	本年累计金额	本月金额
一、经营活动产生的现金流量：			
销售产成品、商品、提供劳务收到的现金	1		
收到其他与经营活动有关的现金	2		
购买原材料、商品、接受劳务支付的现金	3		
支付的职工薪酬	4		
支付的税费	5		
支付其他与经营活动有关的现金	6		
经营活动产生的现金流量净额	7		
二、投资活动产生的现金流量：			
收回短期投资、长期债券投资和长期股权投资收到的现金	8		
取得投资收益收到的现金	9		
处置固定资产、无形资产和其他非流动资产收回的现金净额	10		
短期投资、长期债券投资和长期股权投资支付的现金	11		
购建固定资产、无形资产和其他非流动资产支付的现金	12		
投资活动产生的现金流量净额	13		
三、筹资活动产生的现金流量：	"		
取得借款收到的现金	14		
吸收投资者投资收到的现金	15		
偿还借款本金支付的现金	16		
偿还借款利息支付的现金	17		
分配利润支付的现金	18		
筹资活动产生的现金流量净额	19		
四、现金净增加额	20		
加：期初现金余额	21		
五、期末现金余额	22		

单位负责人：　　　　　财会负责人：　　　　复核：　　　　　　　　　　制表：

你们看到教材里的财务报表是《企业会计准则》里的，可以对照一下。

【咨询】做账的时候怎样给会计科目归类？

【解答】首先要知道五类会计科目下面有哪些会计科目,或者说某会计科目属于哪一类的,而不是在做账的时候刻意分类。

做账的时候,先找准会计科目,然后根据会计科目的类别判断出借贷方,这样就可以做记账凭证了。时间长了,一看业务,自然就知道用什么会计科目,分出借贷方向,熟中生巧嘛。

【咨询】成本和费用有什么区别?

【解答】如果把成本和费用拿来比较,就要分开看了。尤其是在制造业,应该把两者划分清楚。

成本包括两个含义,一种是工业企业的加工成本,是指生产产品时的各种耗费,比如用于加工产品的原材料、人工费、辅助的水电费、燃料等。另一种是商业企业的销售成本,比如销售商品有购买成本。

费用,是指用于产品成本以外的耗费,说白了就是期间费用,比如管理生产的费用、用于销售的费用、用于筹资的费用。

【咨询】工业企业的管理费用有哪些明细科目?还有制造费用有哪些明细科目?我都不会设置啊。

【解答】你可以根据企业的费用发生情况设置具体项目。

"管理费用"科目下的费用项目:职工薪酬、开办费、修理费、办公费、差旅费、工会经费、业务招待费、房产税、车船税、城镇土地使用税、印花税、职工教育经费、存货盘亏或盘盈等。

"制造费用"科目下的费用项目:工资薪酬、折旧费、修理费、办公费、水电费、机物料消耗、劳动保护费、季节性和修理期间的停工损失等。

【咨询】所有者权益与负债有业务联系吗?

【解答】有啊。比如,用利润给投资者分红,做分录就是这样:

借:利润分配——应付现金股利

贷:应付股利

负债增加,所有者权益减少。

【咨询】资产与所有者权益有业务联系吗?是什么关系呢?

【解答】企业成立之初就有联系,比如投资者出资注册公司,出的就是资产,有货币资金,也可能有固定资产、存货或无形资产等。

如果说关系,属于同增同减的关系。投资者投入资金,资金增加了,实收资本也增加了。

做分录就是这样:

借:银行存款

贷:实收资本

三、借方贷方的分辨

"借"和"贷"是会计使用的记账符号,用来表现会计要素的增减变化。会计要素不同,借贷表示的增减含义也不同。

【咨询】我总搞不清楚会计科目的借贷方,怎么能记住呢?

【解答】分不清借贷是初学者的通病,从"学"到"会"要有个过程。

你先把六个会计要素分清楚,然后知道这六个要素里都包括什么科目,最后记住资产类和费用类是借增贷减,其他的是贷增借减。

还记得我说过的那个综合等式吧:资产＋费用＝负债＋所有者权益＋收入－利润

左边增加了,右边一定要增加。

等号左边的增加记借方,右边的增加记贷方,这样左右就平衡了。

简单地记就是:

1. 资产、费用的增加是借,减少是贷。

2. 负债、所有者权益、收入、利润的增加是贷,减少是借。

同增的时候:借方＝贷方

同减的时候:贷方＝借方

等号一边的内部,一定是有增有减,那么也是分别用借贷方表示,还是平衡的。

在工作中应用多了,自然就记住了。

【咨询】一个资产账户的期初余额是借方 900 元,本期发生额借方 200 元,贷方 300 元,期末余额是多少?

【解答】这是计算余额的问题,同时也能看出你对借贷方是否理解。

计算余额的时候,要以上期余额为基数,加上本期同方向的发生额,减去另一方向的发生额。如果差额是正数,就与上期余额同一方向,否则就是相反方向。

比如这道题:期初是借方余额 900 元,要加上本期的借方发生额 200 元,减去本期的贷方发生额 300 元,等于 800 元,这 800 元是正数,就是借方余额 800 元。

如果你的期初余额是贷方 900 元,那么本期余额就是 $900+300-200=1\,000$(元),结果是贷方余额 1 000 元。

如果你的期初余额是借方 90 元,那么本期余额就是 $90+200-300=-10$(元),余额就变成贷方的 10 元了。

现在都使用软件了,这已经不是问题了,但作为常识还是要懂的。

【咨询】收入增加在贷方,成本和费用增加在借方,有没有可能利润在借方?

【解答】太有可能了,当费用大于收入的时候,利润就在借方,亏损的企业就是这种情况。

比如,收入 20 万元,成本 18 万元,费用 3 万元,那么利润就是 -1 万元,这个"-"号记在账上就是借方余额。在财务报表上,用"-"号表示,以前是用红字表示,也就是常说的"赤字"。现在总听电视上说财政赤字,指的就是红字金额。

【咨询】我的总账是这样记的,对吗?

日期	摘要	借方	贷方	借或贷	余额
1 月 31 日	本月发生	3 000	2 500	借	500
2 月 28 日	本月发生	2 800	2 700	借	100

【解答】余额计算得不对,如果没有期初余额的话,2 月份的余额要加上 1 月末的余额,应该是 $500+2\,800-2\,700=600$(元),每个月的余额是连续

的,不可以搞独立。

比如上个月你兜里有 500 元的现金,这个月得到 2 800 元工资,花了 2 700 元,到了月末,还有 600 元。如果只有 100 元,那 500 元可能让你弄丢了。

【咨询】有一道题:某企业库存商品期末比期初增加 4 000 元,本期完工入库的库存商品为 7 000 元,则本期"库存商品"科目的贷方发生额应为(　　)元。

答案是 3 000 元,有人告诉我是这样算的:

设库存商品的期初数为 X,那么期末数就是 $X+4\,000$,再设库存商品的贷方发生额为 Y。

因为:期初数+本期增加数−本期减少数=期末数

所以:$X+7\,000-Y=X+4\,000$

计算:$Y=X+7\,000-(X+4\,000)$

$Y=3\,000$(元)

关键是我数学不好,遇到这类问题就懵了,觉得会计真不容易,我高中学历,以后还会出现更复杂的数学题吗?

【解答】首先我要告诉你,做一般的记账会计,对数学的要求不高。

从这道题的字面上看(完工入库)是工业企业的业务。正常情况下,期初金额不可能是未知数,贷方发生额是实际的销售金额,求期末数量和金额才是会计的工作。

当然,也有一些经营品种杂、价值低、收发频、损耗大的商品的企业,实行"实地盘存制",会倒挤销售数。计算公式如下:

本期发出数=期初结存数+本期增加数−期末实际结存数

你看,这里也是有"期初结存数"的。你的那道题,不讲业务,只玩数字,我估计出这道题的人是教数学的,难怪学生毕业后反映实际与理论不符。

四、原始凭证的应用

企业的经济业务都是通过原始凭证反映出来的,会计的第一手资料就

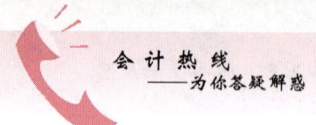
是原始凭证。

【咨询】请问购买商品依据什么填制记账凭证?

【解答】购买商品的时候,对方应该开具增值税专用发票,企业验收商品的时候要开具入库单,财务支付商品款的时候要开支票,这些都是购买商品业务的原始凭证。

【咨询】银行存款余额调节表能作为原始凭证吗?

【解答】不能,银行存款余额调节表只是核对账目的,要单独作为会计资料保存。

【咨询】我们租的办公室,有一笔800元的电费收据,需要两家公司分摊,但是只有一张发票,怎么处理?

【解答】让出租房按这张电费发票上的金额,给两家公司,分别填开用"原始凭证分割单",写明事项,加盖公章,你们可以作为原始凭证入账。

【咨询】我们有个食堂,购买的食品都没有发票,用收据算白条,让我咋办?

【解答】如果企业的职工食堂费用是单独核算的,虽然没有发票,但事实存在,可以用自制的凭证代替发票。

自制的凭证越详细越好,柴米油盐酱醋茶都列清楚,要相关人员签字,经理审批。

【咨询】我公司购入一批商品1 000元。收到发票一张。昨天卖了2件商品,单价120元。今天卖了3件商品,单价180元。我想问一下,做这个记账凭证时,后面所附的原始凭证是什么? 每次卖出商品结转成本记账时,是不是都要把1 000元的发票复印一份贴在成本记账凭证的后面?

【解答】买和卖走两条路:买的时候,把发票连同入库单,贴在记账凭证的后面,卖的时候,应该有出库单,还有销售发票,那个是原始凭证。结转成本不需要原始凭证,因为有销售跟着,按销售的数量结转成本。

五、记账凭证的填制

填制记账凭证是会计的第一项工作,是各种核算的基础。别的可以交给软件处理,但是记账凭证必须人工填制。

【咨询】记账凭证怎么样编号?

【解答】每个月从1号开始按顺序排号,不可重号,不可断号。电算会计就不用操心了,软件会自动排号。

【咨询】我老是写不好摘要,怎么办啊?

【解答】写摘要没有一定之规,只要你把一件业务用最简短的文字写出来,并保证每个人都能看明白,就是好的摘要。其实就是对一件事的高度概括。

比如,员工发工资之前提取现金,你写"提取工资";发放工资的时候写"发放工资"。此外还有"购买原材料""结转成本""结转利润"等,都是摘要内容。每个月发生的业务基本是循环的,摘要也是重复着写,有前任会计的,看他们是怎么写的;没有前任会计的,你先把业务写出来,然后找出"主谓宾",删掉"定状补",最好保留"动宾词组",这样的摘要最明了。

【咨询】记账凭证和分录是一回事吗?

【解答】在工作中处理业务的叫记账凭证,考试的时候写的叫分录;做分录是用借和贷来表述的,而做凭证是直接写在"记账凭证"上的。

有些会计都混着叫了,意思也就相同了,还有的会计叫传票的,都是一个意思。

【咨询】记账凭证写错了,可以在上面更改吗?

【解答】一张记账凭证就不要那么节省了,废掉重填嘛。

六、会计账簿的登记

手工账下记账的规矩多,电算账下记账一键搞定。

【咨询】手工账记账有技巧吗?

【解答】没什么技巧,只要认真按照记账凭证上对应的科目,逐笔登记在相对应的账簿上就可以了,字迹工整这是起码的要求。所说的技巧多指更正,如今使用财务软件后,记账不是一件复杂的事情了。

【咨询】一个企业都需要什么样的账簿啊?

【解答】你是想问账簿的种类吧？这个要看企业的性质了,账簿种类有以下三种:

1. 日记账。包括现金日记账和银行存款日记账(表 3-4、表 3-5)。

表 3-4

现 金 日 记 账

2013 年		凭证编号	摘 要	借 方												贷 方												余 额												核对号
月	日			亿	千	百	十	万	千	百	十	元	角	分	亿	千	百	十	万	千	百	十	元	角	分	亿	千	百	十	万	千	百	十	元	角	分	
6	13	2	取现金					5	0	0	0	0	0																	5	0	0	0	0	0	
	13	3	报销验资等费用																3	9	2	0	0	0						1	0	8	0	0	0	
	16	4	报销差旅费																	7	3	5	0	0							3	4	5	0	0	

表 3-5

银 行 存 款 日 记 账

2013 年		凭证编号	摘 要	借 方												贷 方												借或贷	余 额												核对号
月	日			亿	千	百	十	万	千	百	十	元	角	分	亿	千	百	十	万	千	百	十	元	角	分		亿	千	百	十	万	千	百	十	元	角	分	
6	12	1	存入注册资金			5	0	0	0	0	0	0	0	0											借			5	0	0	0	0	0	0	0	0	
6	13	2	取现金															5	0	0	0	0	0	借			4	9	5	0	0	0	0	0	
6	16	5	购买电子设备															3	8	9	0	0	0	借			4	5	6	1	0	0	0	0	
6	19	9	购买商品															6	2	5	0	0	0	借			3	9	3	6	0	0	0	0	

2. 明细账。除了"库存现金"和"银行存款",所有的会计科目都在这里落户。

明细账按格式还可以分为:

(1)多栏式明细账。这种账是横开的,有的长,有的短。长的从左到右有十几栏,可以按着费用项目根据企业的具体情况自行设置。比如"管理费用"科目可以按着"职工薪酬""办公费""社保费""招待费""房产税"等设置明细科目,还有"销售费用"和"财务费用"科目,都可以放在这本账里。短的可以设置"生产成本"、"制造费用"等科目(表3-6)。

(2)数字金额式明细账。这种账里设置有"数量"和"单价"栏,适合"库存商品""原材料""低值易耗品"等需要记载数量的科目(表3-7)。

(3)固定资产明细账。这种账是横开的,按照固定资产的特点,把原价、折旧、净值放在一起,一目了然(表3-8)。

(4)应交税费明细账。如果是小规模纳税人,可以使用三栏式明细账;如果是一般纳税人,"应交增值税"的科目就要设置在这本账上,"进项税额""销项税额""已交税金""出口退税""进项税额转出"五个明细科目齐全,是专用账(表3-9)。

(5)三栏式明细账。除了上述特殊的科目,其余的科目都登记在这样的账里。

如果企业往来科目比较多的,要单独设置一本或两本,不经常发生的科目,比如"实收资本""本年利润""利润分配"等可以集中在一本账里(表3-10)。

3. 总账。企业所有的账户都归纳在这本总账上,它是与各明细账对账用的,也是编制财务报表用的。在电算下,总账的作用不大,因为不用对账了(表3-11)。

【咨询】手工记账都有什么要求?

【解答】你问的是记账规则。

第一,不能空行、隔页,错了不能乱抹、乱改,要按规矩处理。

第二,记满页了要"过次页"、"承前页"。

表3-6

多 栏 式 明 细 账

科目名称 管理费用

2013年		凭证编号	摘要	合计	费用项目明细				
月	日				工资	办公费	证照费	差旅费	招待费
6	13	3	验资等费用	392000			392000		
6	16	4	差旅费	73500					73500
6	19	8	购买办公用品	231000		231000			
6	30	21	分配工资	2900000	2900000				
6	30	25	本月结转	-3596500					
			本月合计		2900000	231000	392000		73500

表3-7

库存商品明细账

类别：工具
名称：电钻
规格：D1210K
计量单位：台

2013年		凭证编号	摘要	借方				贷方				余额			
月	日			数量	单价	金额	百十万千百十元角分	数量	单价	金额	百十万千百十元角分	数量	单价	金额	百十万千百十元角分
8	19	23	购入	200	95.10		1 9 0 2 0 0 0 0								
8	30	36	销售					112	95.10		1 0 6 5 1 2 0	88	95.10		8 3 6 8 8 0

表3-8

固 定 资 产 明 细 账

固定资产类别：电子设备

使用部门：管理部门　　　　　　　　资产名称：电脑　单位：台　数量：3　月折旧率：2.6%

2013年		凭证编号	摘要	原价			折旧			净值
月	日			借方	贷方	借方余额	借方	贷方	贷方余额	
6	16	5	购买电脑	1230800		1230800				
7	31	62	计提折旧					32000	32000	1198800

表3-9

应交税费(增值税)明细账

2013年 月	日	凭证编号	摘 要	借方 合计	借方 进项税额	借方 已交税金	合 计	贷方 销项税额	贷方 出口退税	贷方 进项税额转出	借或贷	余 额
8	20	34	购入商品	915385	915385							
8	30	59	销售商品				1983624	1983624			贷	1068239

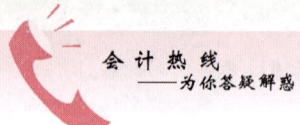

表 3-10

明 细 分 类 账

会计科目 应收账款   明细科目 盛大贸易公司

2013年		凭证编号	摘 要	借 方									贷 方									借或贷	余 额								
月	日			千	百	十	万	千	百	十	元	角	分	千	百	十	万	千	百	十	元	角	分		千	百	十	万	千	百	十	元	角	分
9	10	25	购货欠款		8	1	3	0	0	0	0													借		8	1	3	0	0	0	0		

表 3-11

总 分 类 账

科目名称   应收账款

2013年		凭证编号	摘 要	借 方										贷 方										借或贷	余 额									
月	日			亿	千	百	十	万	千	百	十	元	角	分	亿	千	百	十	万	千	百	十	元	角	分		亿	千	百	十	万	千	百	十	元	角	分
6	30	1	1号到29号凭证汇总			3	2	1	6	0	0	0						1	0	8	0	0	0	0		借			2	1	3	6	0	0	0		

第三,要使用蓝色或黑色的钢笔。

第三条我解释一下,因为会计上的红字是冲减的意思,所以要写蓝、黑色的字。考试的时候可以用圆珠笔,记账的时候不允许用圆珠笔,铅笔就更不行了。因为圆珠笔时间长了笔油容易化开,造成字体模糊,而铅笔太容易涂改,所以只能用蓝、黑色的钢笔填制凭证、登记账簿。不过现在电子记账打印的都是黑色字体,用"－"号显示。

【咨询】为了加强租入固定资产的管理,记录租入、使用及归还情况,企业需要单独开设分类账簿进行核算吗?

【解答】可以设置备查账,因为租的固定资产不属于企业所有,不能开设分类账簿进行核算。

【咨询】会计科目、记账凭证和会计账簿是什么关系?

【解答】是相互依存的关系。

记账凭证运用会计科目把经济业务反映出来,然后把这些业务集中到会计账簿里,最后落实到财务报表上。

七、会计账务的流程

有的初学者到了工作岗位感到束手无策,多数是因为不知道账务流程。

【咨询】手工账下的账务流程与电算下的账务流程有什么区别?

【解答】两者大同小异。

手工账下的账务处理流程:

1. 根据原始凭证填制会计凭证。

2. 根据记账凭证登记日记账、明细账。

3. 把记账凭证汇总。

4. 根据记账凭证汇总表登记总账。

5. 把总账与明细账核对后结账。

6. 月末根据总账结合明细账编制财务报表。

电算下的账务流程:

1. 根据原始凭证录入记账凭证。

2. 审核记账凭证,包括出纳签字。

3. 点击"记账"。

4. 月末"转账"。

5. 月末"结账"。

6. 月末生成财务报表。

看着好像都是 6 步,但是电算省却了汇总和登记总账两步,并且效率和质量大大提高。

【咨询】空运会计的账务处理流程是怎样的?

【解答】不管是哪儿的会计,账务程序都是一样的,只是处理的具体业务有些差别。

【咨询】汇总指什么?

【解答】指的是记账凭证的汇总。

手工账下汇总用丁字账,按会计科目的借贷方列入其中,分别算出每个科目的借贷方金额合计。电算会计里的"科目汇总表"也是这么来的,只不过你看不到过程。

如:

库 存 现 金	
1 000.00	600.00
	2 000.00
1 000.00	2 600.00

银 行 存 款	
1 000.00	
12 000.00	
13 000.00	

管 理 费 用	
600.00	
56 000.00	
56 600.00	

应 付 账 款	
12 000.00	
12 000.00	

应付职工薪酬	
56 000.00	
56 000.00	

其他应收款	
2 000.00	
2 000.00	

汇总后把合计金额填在"科目汇总表"里(表 3-12)。

表 3-12

科 目 汇 总 表

科　　　目	借方金额	贷方金额
库存现金	1 000.00	2 600.00
银行存款		13 000.00
管理费用	56 600.00	
其他应收款	2 000.00	
应付职工薪酬		56 000.00
应付账款	12 000.00	
合　　计	71 600.00	71 600.00

借贷方的"合计"金额相等了，说明汇总平了，可以据此登记总账了。

【咨询】会计的工作都包括些什么？

【解答】会计的工作很多，平时是填制记账凭证、记账，到月末还要缴纳税款、发放工资、计提折旧、编制报表、装订凭证。年末还要进行财产清查、财务决算、汇算清缴。

八、会计档案的保管

会计档案是企业的经济资料，要建立相应的管理制度。

【咨询】会计资料必须存档吗？要存多少年啊？

【解答】会计的所有资料都应定期存档。

对于保管时间，国家有统一规定：银行余额调度表和银行对账单是 5 年，记账凭证、明细账、总账是 15 年，日记账是 25 年，年度财务报表、会计档案保管清册是永久的。

【咨询】我们的会计资料都存在企业专门的档案室，存档后要再查账的时候手续很麻烦，会计档案不可以放在会计部门吗？

【解答】这个还要看企业的规定。你可以跟企业领导建议一下，把近 1 年的会计资料放在会计保存着，方便查找。1 年后再统一存入档案室。

【咨询】我知道会计的记账凭证不可以随便外借，因为有原始凭证嘛，一旦出现丢失或被恶意破坏，会计就说不清了，可是我们的记账凭证老板总

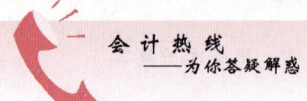
往外拿,一拿就是几天,我怎么办?

【解答】不是每个老板都懂财经纪律的,你要跟老板灌输这些纪律,让他知道出现事故的后果。当会计的除了有核算的职能,还有一个监督职能。你要行使起来,协助老板建立健全财务规章制度,一切按制度办事,借凭证要办理外借手续,这样他也会重视起来了。

【咨询】我已经在3家企业当过会计,有3份交接书,几次想扔掉就没敢,企业会保存吗?我留着它还有意义吗?

【解答】正规的企业都会存档,因为一旦发现异样情况,有案可查。你可以保存着,也不占地方。

 我的故事

我参加工作的第一个月,科长安排我做的第一项工作就是帮出纳粘贴票据。

因为每天都有报销费用的人,发票少的,出纳做完记账凭证就用大头针或曲别针别在后面。有些票据多的,报销的人会来要粘贴纸自己粘,他们粘贴得不规范,科长就让我帮着粘。

在学校的时候,没干过这活儿啊。

我先是一张一张地粘,出纳看见了,教我把票据依次展开,大面积地涂胶水,这样一次就成了。

别小瞧了粘贴,还是有窍门的。

发票有大有小,大于记账凭证的要折叠,小于记账凭证的要错开,不然就"厚此薄彼"了。

粘着粘着我想起来在学校的时候,老师说过原始凭证多的要单独装订。

我问出纳,出纳说,我们一直这样做,都是把原始凭证贴在记账凭证后面的,以前她还有过3张凭证就装了1本的情况。

我们的对话被身后的一个会计听到了,她接过话茬,说这样装订查账的时候方便。

　　我想了想，也对，不然看完记账凭证还要去翻原始凭证，多一道手续。

　　接着，科长又安排我装订凭证。这活儿我也没做过啊，我见出纳不忙，便过去请教。出纳人很好，站起来跟我一起装，我很感激。

　　过了几天，我开始帮费用会计做记账凭证，这才算真正接触到账务。

　　说实话，我们在学校的时候根本没有接触过原始凭证，看见它们觉得很陌生。大家认为我是科班出身，又不好意思指手画脚。我呢，不问吧，是真不知道怎么下手，还是硬着头皮问吧。

　　每次请教完我都真诚地道谢，结果换来的是更认真的指点。有个老会计看我闲的时候还主动招呼我：来，帮我记账，我教你。

　　那时候是手工记账，做多少记账凭证，就要记多少笔账，很麻烦。我边记账边学艺，收获不小。

　　晚上回到家里，我把白天咨询来的知识记到笔记上。1个月后，我就熟悉了会计的账务处理程序，我给同学写信汇报自己的成果，她们都很羡慕呢。

　　记住：虚心讨教，定会回报。

第二节　处理账务

　　会计接触最多的是账务，让会计头疼的也是账务。通过企业的账务，可以看出会计的水准。

一、各类企业的建账

对于新成立的企业，建账，是摆在会计面前的首要任务。

　　【咨询】我看到以前的会计账簿都有贴花，我今年新建的账，也要买印花税票吗？

　　【解答】要买啊，每本5元，每年换账就要买，不然税务机关来查账的时候也会要你补税。

　　如果你的账没有换，比如往来账和固定资产账可以多年使用，这样就不用买了。

贴花后,要在印花税票上画线注销(见图3-1)。

【咨询】我们是商贸企业,刚成立,我第一次做会计,怎么建账?要建哪些账?

【解答】别把建账想得太复杂,发生业务后按原始凭证做记账凭证,然后把记账凭证记到账上,这就是你需要的账了。如果全面一点说,把账簿的封面填写完整就是建账。

图3-1 印花税票

这是总账的封面,要贴上印花税票,盖上公章和名章就完整了(表3-13)。

表3-13

账簿启用登记表

企业名称	宇宙公司	印花税票粘贴处
账簿名称	总账	
账簿编号	本年共9册 本册是第9册	
账簿页数	本账簿 共计200页	
启用日期	2013年1月1日至2013年12月31日	

经 管 人 员 表

经管人员	财务主管		记 账	
	姓名	盖章	姓名	盖章
	张三		李四	

交 接 记 录 表

姓名	交接日期		盖章	监交人
	接管	年 月 日		
	移交	年 月 日		
	接管	年 月 日		
	移交	年 月 日		

这是工业企业常用的会计科目(表 3-14)。

表 3-14

账 户 目 录

账户名称	页次	账户名称	页次	账户名称	页次	账户名称	页次
资产类		负债类		成本类		损益类	
库存现金	1	短期借款	51	生产成本	83	主营业务收入	91
银行存款	5	应付账款	53	制造费用	85	其他业务收入	95
应收票据	9	应付职工薪酬	57			营业外收入	99
应收账款	13	应交税费	59			主营业务成本	101
其他应收款	17	应付利润	63			其他业务成本	105
原材料	21	其他应付款	65			营业税金及附加	109
周转材料	25					销售费用	111
库存商品	29	所有者权益类				管理费用	115
固定资产	31	实收资本	71			财务费用	119
累计折旧	33	资本公积	73			营业外支出	121
在建工程	35	盈余公积	75			所得税费用	123
固定资产清理	37	本年利润	77				
		利润分配	79				

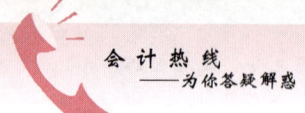

你们企业刚开业,不知道将来发生什么业务,开始不用建那么多的账,随着业务的发生,涉及什么会计科目,就建立什么账户。

首先,你要确认企业的类型,大中型企业执行《企业会计准则》,小企业执行《小企业会计准则》。

其次,你要根据企业的性质,选择合适的账簿。

比如制造业和服务业需要的账簿就有差别。加工业一般纳税人的"应交增值税"账,要使用带有"进项税"和"销项税"的账本,而其他税金科目使用三栏式明细账就可以了。工业要有成本账,商业、服务业都不需要。

最后,你要知道哪些账户落户到哪些账本里。

比如期间费用,要选择"多栏式"明细账,商品账使用数字金额式明细账,固定资产要选用带有"折旧"栏的专用账本,等等。

我具体说一下吧:

出纳需要现金日记账、银行存款日记账。

会计需要以下账簿:

1. 一本费用明细账,就是横开的多栏式明细账,可把期间费用都放在一本账里。因为上面有许多的空栏,可以任意填写企业需要的费用项目。

2. 一本往来明细账,主要记"应收账款""应付账款""其他应收款"和"其他应付款"。

3. 一本固定资产明细账,里边同时记载着"固定资产"和"累计折旧"。

4. 一本明细账,把剩余的账户统统放在这里,包括"实收资本""主营业务收入""主营业务成本""营业税金及附加""其他业务收入""其他业务成本""应交税费""应付职工薪酬""所得税费用""盈余公积""本年利润"和"利润分配"等。

5. 一本商品账,记载带有数量、单价的"库存商品""原材料"和"周转材料"账户。

6. 一本总账。

这样全套账基本就齐了。

不管什么行业,账簿都差不多,主要区别都在成本账户上。制造业比商业多了两个账户，"生产成本"和"制造费用"，施工业把工业的成本账户换成"工程施工"和"机械作业"。

【咨询】总账是不是每个科目都建一本？

【解答】不是，要使用一本账，把企业用到的会计科目全部放进去，一个科目分配5页足够了。

【咨询】我们是老企业，一直没有建账，今年要核定征收了，那些存货、固定资产要不要做资产评估入账？

【解答】如果存货或固定资产在没有发票的情况下，应该做资产评估。不过一般的企业都不愿意做，毕竟评估费是一笔不小的支出。如果固定资产多，还是做评估吧。因为固定资产入账后，计提的折旧可以抵扣，还少交25％的所得税。你当会计的可以算一下，看看怎么比较划算，这也是会计的责任。

【咨询】我们老板新开了家公司，是核定征收的，我建议老板做账，可是老板说太麻烦，记流水账就行。我听说有些企业当初不建账，后来建可麻烦了，我该怎样劝说老板呢？

【解答】你跟老板这样说：随着企业的发展，以后事务会越来越多，流水账很容易混乱。再说，将来企业壮大了，一定会变为查账征收的，到那时再补账就衔接不上了。没有发票的要做资产评估，还要评估费；固定资产因为没及时入账，不能计提折旧，要多交企业所得税。这些都是实实在在的问题。现在正规地记账，账目清晰，出现问题好查找，还可以防止监守自盗。我想这样说老板会同意的，试试看吧。

【咨询】石料厂建账，需要设置哪些科目？

【解答】建账，是根据你企业发生的业务自然生成的，而不是事先设置出来的。

下列账户，一般的工业企业都用得上，供你参考。库存现金、银行存款、应收账款、原材料、生产成本、制造费用、库存商品、周转材料、固定资产、累计折旧、应付账款、应交税费、应付职工薪酬、主营业务收入、主营业务成本、营业税金及附加、管理费用、销售费用、财务费用、实收资本、所得税费用、本

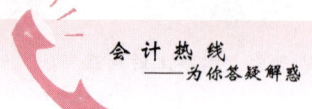

年利润、盈余公积、利润分配。

其他就不一定了，还是要看以后业务是否涉及，比如"短期借款""无形资产""长期股权投资""营业外收入""营业外支出"等科目。

二、开业之初的账务

都说万事开头难，尤其是对于会计新手。

【咨询】我们公司是8月份成立的，没有收入，老总在9月份才把一堆发票给我，这之前的费用都记入什么科目？

【解答】如果企业领取营业执照后一直没有营业，那么所发生的筹建期人员工资、办公费、培训费、差旅费、咨询费、交际应酬费、印刷费、注册登记费以及不计入固定资产和无形资产购建成本的汇兑损益和利息支出，都属于"开办费"，可以直接借记"管理费用"，贷记"银行存款"或"库存现金"。

【咨询】开办期间购买的固定资产是入开办费还是单列？什么时候计提折旧？要等营业后吗？

【解答】记入"固定资产"科目，第二个月开始就可以计提折旧了。

【咨询】我们企业还在筹办期，老板有很多的餐费发票，还有一些宣传广告发票，这笔钱我要怎么处理？

【解答】企业在筹建期间发生的与筹办活动有关的费用支出，先计入"管理费用——开办费"科目，在开始经营之日的当年一次性扣除，在所得税汇算清缴的时候，按所得税法的规定处理。注意：企业从事生产经营之前进行筹办活动期间发生筹办费用支出，不得计算为当期的亏损。

【咨询】我的会计账启用日期写什么时候呢？是写第一笔业务发生的时间，还是写记账的那天？

【解答】启用日写企业成立当月的日期就行，因为有规定，企业要在成立半个月内建账。

【咨询】我刚接手会计，是一家新公司，不知道从哪里开始入手，我应该做些什么？

【解答】公司成立三步走：

1. 建立账簿：手工账买账本，电算账建账套。

2. 处理账务：填制记账凭证、记账、报表。

3. 月初纳税：每月 15 日之前申报、纳税。

你平时会收到一些原始凭证，根据凭证反映的内容做记账凭证。接着就步入了会计账务处理程序：记账、汇总、记总账、编报表。每月要做的收支核算、成本结转、工资分配、计提工资、计提折旧……你也不说是什么行业，我只能简要地说这些了。

如果使用财务报表，账务程序就简单了：录入记账凭证、确认记账后生成报表、打印出纸质会计资料。

【咨询】企业注册费、验资费、刻章费用、工商税务的工本费等等，这些怎么填会计凭证？

【解答】假设这些费用是用现金支付的 5 600 元，分录这样做：

借：管理费用　　　　　　　　　　　　　　　　　　　5 600

　　贷：库存现金　　　　　　　　　　　　　　　　　　5 600

填在记账凭证上就是这样的（表 3-15）：

表 3-15

记　账　凭　证

2013 年 10 月 16 日　　　　　　编号　31

摘要	总账科目	明细科目	借方金额	贷方金额	记账✓
验资等费用	管理费用	公司经费	560000		
支付现金	库存现金			560000	
合计			560000	560000	

记账　甲　　审核　乙　　出纳　丙　　制单　丁

附单据 5 张

79

【咨询】1 月份企业成立,2 月份购入固定资产,3 月份建账,应该几月份计提折旧?

【解答】是手工账还是电算账?

如果是手工账,2 月份购买固定资产,3 月份应该计提折旧。你 3 月份建账,最好把建账日期提前,不然要 4 月份才能计提折旧。

【咨询】公司注册资金 50 万元,验资开业后,其中有 10 万元是借事务所的,通过银行转走了,这个应该如何记账? 后来老板又拿来 5 万元通过银行转了进去,这个又该如何记账?

【解答】看下面的步骤:

1. 50 万元验资时:

借:银行存款 500 000

　　贷:实收资本 500 000

2. 10 万元转走时:

借:其他应收款 100 000

　　贷:银行存款 100 000

3. 5 万元还款时:

借:银行存款 50 000

　　贷:其他应收款 50 000

相当于老板替事务所还款了,还差 5 万元提醒老板尽快"还"。

【咨询】我厂是租用的厂房,尚未开始生产,发生了检修车间线路等费用 3 000 元,用转账支票支付的,请问这笔费用如何入账?

【解答】不管是营业前还是营业后,修理费都记入"管理费用"科目。

做分录:

借:管理费用

　　贷:银行存款

【咨询】企业成立后一直在生产,但是没有建账。这个月我收到了产成

品入库单,我应该这样做分录:

借:库存商品

贷:生产成本

问题是,之前没有"生产成本"科目,我这么结转不对吧？说明一下,我是做内账的。

【解答】你的结转分录是对的,但是之前"生产成本"会出现贷方余额,就不多了。

因为是做内账,所以没有成本你就估算一下:原材料费用、人工费、水电费等,还有机器的折旧、领用的周转材料,把这些借记"生产成本"科目,然后再转。

【咨询】以前企业的税金是定额的,也没会计,账很乱,也不平。现在我来了,老板让我建账,我不知道该怎么建。

【解答】以前的账你尽量调整,首先往来账不能乱,库存量要准,固定资产要落实,利润为零,其次把账弄平:按照资产负债表里的项目,有什么记什么,商品、往来、银行账,最后把差额计入银行存款或现金,然后把银行存款的余额按你账上的金额做增减,这样就达到了账账相符、账实相符了。从你记账那个月开始核算收支,以后就走入正轨了。

【咨询】我们是一个新办企业,注册资金500万元,现在全部转走了,这个账怎么做呀？

【解答】这种情况很多的,那笔钱谁拿走的谁打借据,然后借记"其他应收款",还款后再贷记"其他应收款"。如果是老板拿走的,年底不还回来,税务机关会认定这是给投资者分红了,要求缴纳20%的个人所得税。所以会计要了解这一规定,不能给老板找麻烦,否则他会找你麻烦的。

其实税务机关和工商机关也掌握这个小招数,因此你要跟老板说清楚,在没人计较的前提下就没有问题,否则容易落得"抽逃资金"的罪名,最好的办法就是赶紧还钱。再说企业以后还要经营的嘛,怎么可以没有资金周转呢？

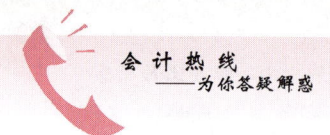

【咨询】 什么是抽逃资金?

【解答】 抽逃资金是指公司股东依法缴纳注册资本后,抽出、隐匿、转移资本金的行为,不是用于正常支出。一旦被发现,轻者罚款,重者判刑,挺严肃的。

但抽逃资金也需要确认:公司发起人、股东违反公司法的规定未交付货币、实物,或者虚假出资,或者在公司成立后又抽逃其出资,数额巨大、后果严重或者有其他严重情节的,才定罪为抽逃资金。

【咨询】 公司的车是以一个股东的名义买的,可以入账吗? 如果不可以应该怎么做?

【解答】 不可以入账,但公司可以把车租下来,汽油费用就可以在企业报销。

股东先与公司签租车协议,然后去税务机关代开发票,要缴纳营业税及其附加税费。这张租车发票也可以作为费用在税前抵扣。

【咨询】 筹办期购买的低值易耗品也算在管理费用里吗? 什么时候开始摊销呢?

【解答】 低值易耗品不能算开办费,需要单独核算。

价值低的低值易耗品不用摊销,领用时,借记相关成本——生产成本、管理费用、销售费用或其他业务成本,贷记"低值易耗品"科目。价值高的可以在当月分次摊销。

【咨询】 因为我们公司还没有生产,现在购买了煤块,锅炉房用的,我可以计入制造费用吗?

【解答】 购买的煤块先计入"原材料",耗用的时候再计入"制造费用"。

三、日常账务的处理

会计每个月的工作基本是重复劳动,由于企业的性质不同,业务也不尽相同。

【咨询】 平时会计都做什么?

【解答】 月初纳税、发放工资,月中要处理购销业务、收支业务、报销费用,月末计提折旧、计提税金、结转利润、结账报表。

【咨询】税控设备和网上申报等软件,可以直接一次记入"管理费用",进项税能在税前一次抵扣吗?

【解答】如果设备达到固定资产的标准,要记入"固定资产"科目,进项税可以在销项税中抵扣。达不到固定资产标准的,购置费用记入"管理费用"科目,一次性在税前扣除。

【咨询】小规模纳税人购买的税控设备,怎么扣除税金啊?

【解答】税务机关有规定,小规模纳税人或者缴纳营业税的企业,经主管税务机关审核批准后,可以按照增值税专用发票上注明的增值税税额,抵免当期应纳增值税或营业税税额。如果获取的普通发票,那么按照上面的价款,换算出税金抵扣。公式如下:

$$可抵免税额 = 价款 \div (1 + 17\%) \times 17\%$$

当期应纳税额不足抵免的,未抵免部分可在下期继续抵免。

【咨询】我今天要气死了。今天老板让我催款,原来都是销售部门负责催款。我想让我催就催吧,我给客户打电话,对方很不客气,让我们老板跟他讲。我就把话传给老板,老板放下电话后就跟我瞪眼,还大声地说,我要你会计干嘛的?我觉得我没做错啊。

【解答】老板让你催款,也是你分内的工作,我估计是因为老板不方便出头,结果你把他送到枪口上了,他不发火才怪。

催款要讲究技巧,有时候因催款闹翻脸的企业也有。都说买卖不在仁义在,可现在欠钱的是大爷,没办法。如果你有催款的能力,说不定收入比会计要高呢。

【咨询】我公司是新成立的商贸企业,因为是辅导期,税管员告诉我,取得的进项增值税专用发票,需当月认证,下月才能抵扣,这种情况下如何做账?

【解答】辅导期的一般纳税人可以在"应交税费"下设置一个"待抵扣进项税额"明细科目作过渡。

1. 业务发生收到增值税抵扣联并认证时：

　　借：库存商品

　　　　应交税费——待抵扣进项税额

　　　贷：银行存款

2. 下月可抵扣时：

　　借：应交税费——应交增值税(进项税额)

　　　　贷：应交税费——待抵扣进项税额

【咨询】我在小规模纳税人企业，开出去的发票里是含税的，怎么计算其中的增值税呢？

【解答】小规模纳税人的征收率是3%。

根据公式：不含税销售额＝含税销售额÷(1＋征收率)

通俗点：　　　　账面收入＝售价÷1.03

　　　　　　　　应交增值税＝账面收入额×3%

举个例子：销售商品收到5 000元，计算增值税和确认的收入。

　　　　应交增值税＝5 000÷1.03×3%＝145.63(元)

　　　　主营业务收入＝5 000－145.63＝4 854.37(元)

【咨询】食堂买菜买米的钱都是先从出纳那儿预支的，花没了用报销单据顶前期借款，怎样做分录呢？

【解答】谁借的钱就挂谁的账。

1. 预支的时候：

　　借：其他应收款——借款人(或者食堂)

　　　贷：库存现金

2. 拿来发票报销的时候：

　　借：管理费用——职工福利费

　　　贷：其他应收款——借款人(或者食堂)

【咨询】公司给员工租房,押金1 000元,一季度房租2 000元,如何入账呢?

【解答】押金和房租可分别记账,如果是同时支付的也可以记在一套分录里。

1. 支付押金:

借:其他应收款——租房押金	1 000
贷:库存现金	1 000

2. 支付一季度房租:

借:管理费用——职工福利费	2 000
贷:库存现金	2 000

【咨询】个人拿来报销的发票,比如员工的手机话费,这些都计入管理费用吗?

【解答】如果是员工个人的通信费,而且是为了开展业务支出的,就计入管理费用;如果是以补贴性质的报销,就并入工资薪金所得计算个人所得税。

个人的电话费,涉及个人所得税,还涉及企业所得税,而且各地有不同的规定,所以建议你参照当地的规定执行。

【咨询】我们是刚成立的小规模纳税人。上个月销售了72 500元的货物,我是这样做的记账凭证。

借:银行存款	72 500.00
贷:主营业务收入	70 388.35
应交税费——应交增值税	2 111.65

然后计提了附加税:

借:营业税金及附加	253.40
贷:应交税费——应交城市维护建设税	147.82
——应交教育费附加	63.35
——应交地方教育费附加	42.23

这个月 12 日,我把应该缴纳的税金都申报缴纳了,我该怎么做记账凭证?

【解答】"应交税费"是负债类科目,缴税后,把负债类科目用借方清算掉。

借:应交税费——应交增值税　　　　　　　　　2 111.65

　　　　　　——应交城市维护建设税　　　　　147.82

　　　　　　——应交教育费附加　　　　　　　 63.35

　　　　　　——应交地方教育费附加　　　　　 42.23

　贷:银行存款　　　　　　　　　　　　　　　2 365.05

做记账凭证的时候,可以按纳税凭证上的金额逐笔贷记"银行存款",也就是记 4 笔。这样到了月末与银行对账但核对的时候一笔一笔核对,不会出差错。

【咨询】我刚上班,看到以前的账上教育费附加和地方教育费附加都记在"其他应交款"科目了,我记得书上不是说"应交税费"吗? 我继续按原来的科目做下去吗?

【解答】"其他应交款"是《小企业会计制度》里的科目,你说的"应交税费"是《企业会计准则》里的科目,原来的小制度已经作废,在新颁发的《小企业会计准则》中,附加税费放在"应交税费"科目里核算,从 2013 年起,要执行新的小准则。

【咨询】我刚接手会计工作,今天老板让我给中铁公司开出去一张转账支票,说是还前期的欠款。我手里只有一张这样的支票存根(见图 3-2),怎么记账啊?

【解答】这属于前期的挂账。你到"应付账款"的明细账户,找一下"中铁有限公司"的账页,再看是否有那笔欠款,也就是看有没有贷方余额,如果有,你就借记"应付账款——中铁有限公司",贷记"银行存款"科目就行了。

【咨询】老板的手机是个人的,每月交款后都拿到公司报销,我做的分录是这样的,您看对吗?

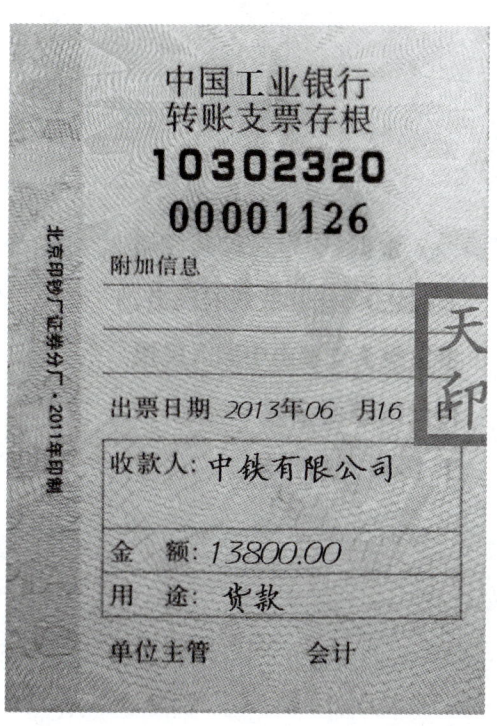

图 3-2 支票存根

借：管理费用——职工福利费

　　贷：库存现金

【解答】没错，实报实销的通讯费可以计入福利费，而每月用现金补助通信费的，要记入工资核算，超过免税额的要代扣代缴个人所得税。

【咨询】我在行政单位当会计，最近购买一批空调 40 多万元，分次付款，分次开发票，什么时间入"固定资产"账？

【解答】因为行政单位的会计核算基础是收付实现制，所以以付款时作为记账的时间。

【咨询】我单位是增值税一般纳税人，生产起重机的。我们把自产的起重机用于生产车间做固定资产，这属于视同销售吗？账务怎样处理？

【解答】在增值税上不能视同销售，在所得税上也不视同销售，因为资

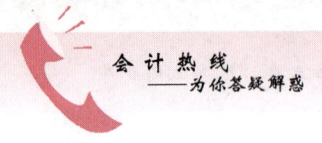

产权属没有转移。

处理的时候只要把科目转换一下就行了：

借：固定资产——起重机

贷：库存商品——起重机

【咨询】库存商品、原材料、周转材料怎么区分？

【解答】用于出售的是库存商品，用于加工的是原材料，企业自己使用的是周转材料。

【咨询】支付车间的变压器维护费怎么做分录？

【解答】如果不符合固定资产资本化要求，就要费用化。

做分录：

借：管理费用

贷：银行存款

【咨询】我想了解下实际成本法和计划成本法的区别。分别适用于哪个行业？

【解答】简单地说，实际成本法是按实际发生的价格入账，计划成本法是按预先制定的成本入账，主要是核算存货的。

用计划成本法核算时，先按计划成本入账。工业的原材料使用"材料成本差异"科目，商业的库存商品使用"商品进销差价"科目。到了月末，根据发出的存货，再把计划成本调整为实际成本。

计划成本法适合存货品种多、收发频繁的企业使用，尤其是大中型的制造业。

【咨询】书里的计划成本法，越看越懵，计划成本法和实际成本法有什么区别？在工作中应用得多吗？

【解答】有些大企业采用计划成本法，小企业用实际成本法的多。如果你出于工作的需要，还是使用实际成本法吧。

下面以"原材料"为例，看计划成本法和实际成本法的区别。

1. 实际成本法。

（1）购入存货时按实际成本入账：

借：原材料

应交税费——应交增值税（进项税额）

贷：银行存款

（2）领用材料时：

借：生产成本（或制造费用）

贷：原材料

2．计划成本法。

（1）购入存货时按实际成本入账：

借：材料采购

应交税费——应交增值税（进项税额）

贷：银行存款

（2）验收入库时按计划价格入账：

借：原材料

贷：材料采购

（3）实际成本与计划成本的差额计入"材料成本差异"：

借：材料采购

贷：材料成本差异

（4）领用材料时按计划成本：

借：生产成本

贷：原材料

（5）分摊领用的"材料成本差异"：

借：材料成本差异

贷：生产成本

实际成本小于计划成本,"材料成本差异"为贷方余额,叫节约差,分摊的时候在借方;实际成本大于计划成本,"材料成本差异"为借方余额,这叫超支差,分摊的时候用贷方。

【咨询】我们公司在1个多月之前购买了一批货物,已经货款两讫,发票也认证了。这个月才发现这批货物有质量问题。经过沟通,对方答应给我们相应的折让,并把钱退到我们账户。我该怎么处理这个折让?

【解答】做相反的分录,相当于把原来的商品降价了。

做分录:

借:银行存款

　　贷:库存商品

　　　　应交税费——应交增值税(进项税额转出)

对方没有向你们要《开具红字增值税专用发票通知单》吗? 他们应该给你们开具红字增值税专用发票,否则他们的增值税会增加。

红字发票不用认证。购买方必须暂依《通知单》所列增值税税额从当期进项税额中转出,待取得销售方开具的红字专用发票后,与留存的《通知单》一并作为记账凭证的原始依据。

【咨询】今天我收到了一张红字增值税专用发票,是否需要认证?

【解答】不需要。

【咨询】今天客户开来一张增值税发票金额6 000元,是我们进货的商品发票。其中有1 000元我们老板之前已经用现金支付了,我把剩余的5 000元用转账支票支付了,这笔分录我应该怎么做呢?

【解答】老板垫付的钱没记账吧? 那先用现金付给你老板1 000元,其余的做正常分录:

借:库存商品　　　　　　　　　　　　　　　　5 128.20

　　应交税费——应交增值税(进项税额)　　　　871.80

　　贷:银行存款　　　　　　　　　　　　　　　　5 000.00

　　　　库存现金　　　　　　　　　　　　　　　　1 000.00

【咨询】我是新手,原来的会计把预收客户的钱全放在"应收账款"里,可以吗?

【解答】企业的预收账款不多,那样做是可以的。

【咨询】我公司准备购入生产设备一台,预付了 20 000 元,怎么做分录?

【解答】预付款先挂账:

借:预付账款——某企业　　　　　　　　　　　　20 000
　　贷:银行存款　　　　　　　　　　　　　　　　　　20 000

【咨询】我单位年初购买了机器,可是发票还没有开来,我能入账吗?

【解答】能。机器已经使用,应该按合同价暂估借记"固定资产"科目,这样,下个月就可以计提折旧了。

年底前一定把发票要来,然后调整"固定资产"账面价值,否则年末要做纳税调整。

【咨询】我们花 10 万元买了一个医药批号,现金是个人汇给个人的。对方带有一个空壳工厂,我们现已把公司手续全变成了新公司。问题是我要接着原来的账记,还是重新建账? 原来工厂的账怎么办?

【解答】既然是崭新的公司,就要从新做起。

原来的公司如果没有注销,应该接着记下去。

【咨询】我们公司是先帮人设计包装,定稿之后,自己加工或是找别处加工之后再卖给客户。我们这种公司是属于商业还是工业? 还是服务业? 怎么记账?

【解答】不管是什么行业,涉及什么就处理什么。现在的会计科目、核算方法都是统一的。你们企业是大中型企业,执行《企业会计准则》,如果是小企业,可执行《小企业会计准则》。

【咨询】我们是一家新成立的商业公司,原来是个体户执照,以前的存货怎样转到现在的账上呢?

【解答】一是开发票入账,二是做评估后入账。

评估需要一笔费用,老板可能舍不得;如果算盘盈,冲减"管理费用",到年末要缴纳企业所得税,也不划算;算捐赠吧,计入"营业外收入",还是要交企业所得税。

如果不是出售的商品,而是使用的物品,数量又不多,就别入账了,在备查账上登记就可以了。

【咨询】企业的资产负债是一定的,现在投资者追加3万元投资,在计算利润时,这3万元应该加上还是减去?

【解答】这3万元跟利润没关系,跟"实收资本"有关系。

分录是这样的:

借:银行存款   3 000

 贷:实收资本   3 000

看懂了吧?是货币增加了,同时实收资本也增加了。

【咨询】我们是小货运公司,开出的发票没收到运费就记在"应收账款"上,但是客户经常少转钱过来。比如我们开的发票是1 000元,客户只转了900元,我做坏账处理可以吗?

【解答】确定以后收不回来了吗?如果符合坏账条件,可以做坏账处理。记着做完处理后,年内向税务机关申报,否则不许在税前扣除。

【咨询】什么是资产减值?

【解答】当资产的可收回金额低于其账面价值的时候,在会计上就认为是资产减值了。

【咨询】我是小企业会计,我也不知道应该执行什么准则,是否要计提资产减值准备?

【解答】小企业执行《小企业会计准则》不用计提,执行《企业会计准则》的企业可以计提。

因为税法不承认企业计提的资产损失,而是在实际发生时据实列支,并且要向税务机关申报。

【咨询】什么叫备抵科目?

【解答】备抵,就是"准备抵减"的意思。因为资产类的科目是借方余额,计提的损失——备抵科目在贷方,借贷相抵后就是资产的净值了。

【咨询】什么是资产减值?

【解答】"资产减值损失"是损益类科目,要求一经确认便不得转回,以避免企业通过计提损失准备来调节利润。

【咨询】什么是坏账准备?怎么计提?

【解答】坏账嘛,一定是跟账有关系,货售出了,应该收的款项确定再也收不回来了,就是坏账了。

坏账准备,是本着谨慎性原则对应收账款项提取的预计损失,是应收款项的备抵科目。

计提坏账准备的方法有账龄分析法、余额百分比法、个别认定法,企业根据自己的情况采取其中的一种。通常都采用余额百分比法,就是按应收款项的期末余额依照一定的比例计提坏账准备,这个比例企业自己酌情定。

坏 账 准 备

借　　方	贷　　方	借或贷	余　　额
1. 实际发生的金额 2. 冲减的金额	计提的金额	贷	计提后未转销的金额

计提坏账准备时:

　　借:资产减值损失

　　　贷:坏账准备

实际发生坏账时,冲减已经计提的"坏账准备",同时转销相应的应收账款余额。

【咨询】什么是存货跌价准备?怎样计提?

【解答】当存货可变现净值低于账面成本时,可以计提存货跌价准备。"存货跌价准备"是存货类的备抵科目。

在经营过程中,存货难免遭受毁损,或者陈旧过时,当存货的市场现价低于账面成本价时就叫"跌价"了,这时候出售就赔钱了。出于谨慎性原则,

以防不测,就要对存货提取跌价准备。

$$存货可变现净值=存货估计售价-至完工估计将发生的成本-估计销售费用-相关税金$$

存货跌价的原因有毁损、过时或过期、市场上同类产品整体降价等。

存货减值准备

借　　方	贷　　方	借或贷	余　　额
1. 实际发生的金额 2. 冲减的金额	计提的金额	贷	计提后未转销的金额

计提存货跌价准备时:

　　借:资产减值损失

　　　贷:存货跌价准备

【咨询】什么是固定资产减值准备?怎样计提?

【解答】当固定资产的可收回金额低于账面价值的时候,可以计提"固定资产减值准备"。"固定资产减值准备"和"累计折旧"是"固定资产"的备抵科目。

固定资产减值的情况有磨损过快、技术进步导致设备更新、管理不善造成创收能力下降。

这里要弄清楚两个概念。

1. 账面价值。

　　账面价值=固定资产的原价-计提的减值准备-计提的累计折旧

2. 可收回金额。固定资产的可收回金额,是根据销售净价与预计未来现金流量的现值较高者确定。

固定资产减值准备

借　　方	贷　　方	借或贷	余　　额
1. 实际发生的金额 2. 冲减的金额	计提的金额	贷	计提后未转销的金额

计提固定资产减值准备时：

　　借：资产减值损失

　　　贷：固定资产减值准备

【咨询】什么是无形资产减值准备？怎样计提？

【解答】当无形资产的可收回金额低于账面价值时，可以计提"无形资产减值准备"。"无形资产减值准备"和"累计摊销"是"无形资产"的备抵科目。

这里的"可收回金额"和"账面价值"参考固定资产减值准备里的概念解释。

无形资产减值准备

借　　方	贷　　方	借或贷	余　　额
1. 实际发生的金额 2. 冲减的金额	计提的金额	贷	计提后未转销的金额

计提无形资产减值准备时：

　　借：资产减值损失

　　　贷：无形资产减值准备

【咨询】我是一名刚毕业的大学生，现在一家公司做成本会计，我该如何开始，从哪方面下手，如何才能把成本这块做好吗？学的时候死记硬背，出了校门就还给老师了。

【解答】如果你是会计专业的毕业生，一定学过《成本会计》这门课程。

教材开始就应该有成本核算的要求，也就是那几个"划分"，简述一下：

1. 做好基础数据的收集工作，数据准了，核算才准。

2. 划分各种费用支出的界限，谁受益谁负担，这是核算成本的关键。

3. 根据企业的情况选择成本的计算方法，比如大批量、品种少的用"品种法"，大件、小批量的用"分批法"，还有大批、大量的"分步

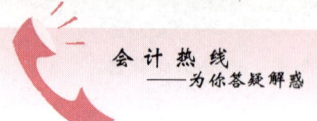

法"等。

这些弄清楚后,还要掌握成本的核算程序:

1. 把耗费在产品里的直接支出计入"生产成本",间接支出计入"制造费用"。

2. 分配"制造费用",也就是把"制造费用"科目余额转到"生产成本"科目里。

3. 按产成品的产量算出单价,结转"生产成本"科目,本科目的余额就是在产品的成本。这个过程就是书上说的"生产费用在完工产品和在产品之间的分配"。

我只能给你一个这样的思路,细节部分留给你去学习补充吧。

【咨询】固定资产的出售和报废有哪几个环节?老搞不懂。为什么要注销原值? 原值注销后怎么算出净损益的? 我按书上也能写出分录,但是不理解,麻烦老师给我讲一下吧。

【解答】因为固定资产出售或报废后这个东西就没有了,所以也要让它在账上消失。原来账上有原值、有折旧,还会有差额,这个差额暂时计入"固定资产清理",它就像一个筐,把出售的收入往里放,支出从里边往外拿,最后"筐"里剩下的余额在贷方,要转入"营业外收入"科目,余额在借方,要转到"营业外支出"科目。

还有,清理固定资产的时候别忘了缴纳5%的营业税。

【咨询】我们是酒店业,交营业税,固定资产转型后的进项税也要记到成本里吗? 我们有购物中心交增值税,可以用固定资产的进项税抵购物中心的增值税吗?

【解答】进项税抵扣只限于一般纳税人,缴纳营业税的没有进项税一说,你也要不来增值税专用发票。你们的购物中心如果是一般纳税人,就可以抵扣。

【咨询】在节日里,公司给每位员工发放了500元的现金作为福利,应记入哪里?

【解答】以现金形式发放的福利属于职工薪金,记入"应付职工薪酬"

科目。

【咨询】企业雇佣的临时工，其工资可以通过"应付职工薪酬"核算吗？是否可以据此计算职工福利费、职工教育经费、工会经费？

【解答】这个问题，税务总局发文了，是这样写的：企业因雇佣季节工、临时工、实习生、返聘离退休人员以及接受外部劳务派遣用工所实际发生的费用，应区分为工资薪金支出和职工福利费支出，并按《企业所得税法》规定在企业所得税前扣除。其中属于工资薪金支出的，准予计入企业工资薪金总额的基数，作为计算其他各项相关费用扣除的依据。

【咨询】公司月底用现金发放员工工资，应发工资额为 75 300 元，其中实发工资 75 000 元，个税 300 元，应如何记账？下月银行账单显示扣个税 300 元，又应如何记账？

【解答】按步骤记。

1. 发放工资时：

借：应付职工薪酬　　　　　　　　　　　　　　　　　75 300
　　贷：库存现金　　　　　　　　　　　　　　　　　75 000
　　　　应交税费——应交个人所得税　　　　　　　　　300

2. 下月初交个税后：

借：应交税费——应交个人所得税　　　　　　　　　　300
　　贷：银行存款　　　　　　　　　　　　　　　　　300

【咨询】为什么要结转工资？怎样结转？

【解答】结转工资，就是分配工资、确认工资，也有人叫计提工资的。就是把工资作为支出记入所属的费用科目。

例如：本月需要分配工资 36 300 元，工资表上的人员是这样分配的：管理人员的工资 16 300 元，销售人员的工资 13 000 元，车间管理人员的工资 17 000 元生产，生产工人工资 110 000 元。

做分录：

借：销售费用	13 000
管理费用	16 300
制造费用	17 000
生产成本——基本生产成本	110 000
贷：应付职工薪酬——工资	156 300

【咨询】工人的工资可以3个月一起计提、一起发放吗？会不会多交个人所得税啊？

【解答】工资可以一起发放，但计提的时候最好是按月进行，尤其是工业企业，应该把工资记在产品成本里，不然成本就不准确了。

因为个税的免征额是以月工资为基数的，所以合并发放工资不会增加个人所得税。

【咨询】我公司第一次发工资，刚做完工资汇总表，我是等发工资后分配，还是现在分配？

【解答】虽然没有发放工资，但是人工费是本月发生的，所以要在本月分配，这是权责发生制要求的。

有的企业先发工资后分配，有的是先分配后发工资，也有本月发工资本月分配的。

1. 先发工资后分配的分录。

(1) 开资时取现金：

　　借：库存现金
　　　　贷：银行存款

(2) 发放工资时：

　　借：应付职工薪酬——工资
　　　　贷：库存现金

(3) 代扣款项：

　　借：应付职工薪酬——工资
　　　　贷：其他应付款——社会保险费等
　　　　　　应交税费——应交个人所得税

（4）分配工资：

借：管理费用等

　　贷：应付职工薪酬——工资

　　　　　　　　——社会保险费

　　　　　　　　——住房公积金

2. 先分配后发工资的分录。

（1）分配工资：

借：管理费用等

　　贷：应付职工薪酬——工资

　　　　　　　　——社会保险费

　　　　　　　　——住房公积金

（2）发工资时取现金：

借：库存现金

　　贷：银行存款

（3）发放工资时：

借：应付职工薪酬——工资

　　贷：库存现金

（4）代扣款项：

借：应付职工薪酬——工资

　　贷：其他应付款——社会保险费等

　　　　应交税费——应交个人所得税

处理的账务都是一样的，只是顺序不同。

【咨询】车间尚未生产，但已开始领用低值易耗品，领用时应该记入哪个科目？还要设置在库、在用、摊销明细科目吗？

【解答】谁领用就记到谁的头上：管理部门领用的，借记"管理费用"；车间领用的,借记"制造费用"。

如果低值易耗品的价值低、易损耗,领用时直接记入相关成本科目;如果低值易耗品的价值高、可多次周转使用,核算时要设置在库、在用、摊销明细科目。

【咨询】企业为职工报销的医药费和为职工支付的住院费记到哪里?

【解答】是哪些部门的员工就记到哪些账上,假如报销的是管理人员的药费,就借记"管理费用"科目。

【咨询】开完发票怎样做记账凭证?

【解答】你的问题太笼统了,真是考验我的猜测能力。

开发票,说明你出售商品或者提供劳务了。

缴纳增值税的分录:

借:银行存款(或应收账款)
    贷:主营业外收入
        应交税费——应交增值税

缴纳增值税的,要把收入和税金分开,税金部分记入"应交税费——应交增值税"科目,小规模纳税人不用分明细。一般纳税人记入"应交税费——应交增值税(销项税额)"科目。

缴纳营业税的企业,营业税单独做记账凭证。

1. 先做一笔收入的分录:

借:银行存款(或应收账款)
    贷:主营业外收入

2. 再做一笔税金的分录:

借:营业税金及附加
    贷:应交税费——应交营业税

也可以到月末一起计税。

【咨询】企业为了推销商品,送给客户一部分样品,没开发票,怎样处理账？

【解答】赠送样品，视同销售。

借：销售费用

贷：库存商品

应交税费——应交增值税

【咨询】出售商品时，有的是我们支付运费，有的是我们垫付运费，账务上怎么处理？

【解答】企业支付的运费借记"销售费用"科目，垫付的运费暂时借记"应收账款"科目，这笔钱要向对方收取，待对方付款后，再贷记"应收账款"科目。

【咨询】老会计说挂了应付就不能挂应收，什么意思？

【解答】你欠别人的，贷记"应付账款"科目，别人欠你的，借记"应收账款"科目，是两个意思。有的会计看见欠款就记"应收账款"，等钱来了又记在"应付账款"里，两边都挂账，这样就不对了。平时要精心，哪笔账挂着、哪笔账来了、哪笔应该清理，会计都要心里有个数。

比如：A客户购买了你的货，没给钱，借记"应收账款——A客户"，后来把货款还了，贷记"应收账款——A客户"。

【咨询】一般纳税人自行建造仓库一座，购入为工程准备的各种专用材料220 000元，支付的增值税额为37 400元，实际领用工程物资（含增值税）23 400元，剩余物资转为企业存货。

另外，为建仓库又领用了企业生产用的原材料一批，实际成本为30 000元，应转出的增值税为5 100元，支付工程人员工资30 000元，工程完工交付使用。

我想知道剩余工程物资转为原材料的税费金额是怎么算的。还有，为什么领用本企业的材料，要把增值税转出来？

【解答】你这不是工作的问题，是会计实务题。

题里的条件：购买220 000元的物资，税金37 400元，实际领用物资是23 400元（含税）。把这23 400元换算一下税金分离出来了：23 400÷（1＋

17%)＝20 000(元)，就是因为价税分离后，价款20 000元，税金是3 400元。剩余的物资转为存货后，可以计入进项税的是：37 400－3 400＝34 000(元)。

还有，从本企业领用的原材料30 000元，购入的时候，进项税额5 100元已经借记"应交税费——应交增值税(进项税额)"。后来用于仓库建设，属于非应税项目，按税法规定，进项税不允许在销项税里抵扣，所以要转出，贷记"应交税费——应交增值税(进项税额转出)"。

【咨询】税务局的人来查账，发现我们以往盖房子的钢构入了原材料账，进项税票也抵扣了，要我们补交这块税金，我该记什么科目？

【解答】因为在建工程已经结束了，把这笔钱直接记入"固定资产"科目吧，原本就应该它负担。

做分录：

借：固定资产——房屋

贷：应交税费——应交增值税(进项税额转出)

【咨询】通过中介公司向个人购买二手厂房所支付了10万元的佣金(有发票)，是计入固定资产原值，还是计入长期待摊费用？

【解答】与厂房价格一并记入"固定资产"科目。

【咨询】固定资产的折旧年限怎么定的？

【解答】税务机关规定了固定资产最低的折旧年限，会计可以执行这个标准。

1. 房屋、建筑物，为20年；

2. 飞机、火车、轮船、机器、机械和其他生产设备，为10年；

3. 与生产经营活动有关的器具、工具、家具等，为5年；

4. 飞机、火车、轮船以外的运输工具，为4年；

5. 电子设备，为3年。

【咨询】我是养殖业的会计，不知道生产性生物资产折旧的最低年限，告诉我吧。

【解答】生产性生物资产的折旧只有两类，都告诉你吧：

1. 林木类生产性生物资产，为 10 年；

2. 畜类生产性生物资产，为 3 年。

【咨询】我们购入的机器设备入账后一直没生产，一直在调试，已经 3 个多月了，这段时间，是否要计提折旧啊？

【解答】按规定下列固定资产不得提折旧：

1. 房屋、建筑物以外未投入使用的固定资产。

2. 以经营租赁方式租入的固定资产。

3. 已提足折旧仍继续使用的固定资产。

因此，你们的固定资产应该在投入使用月份的次月起，按月计提折旧。停止使用的固定资产，也是自停止使用月份的次月起停止计提折旧。看好了，是以"使用"为基准的。

【咨询】上个月无形资产的摊销忘记了，这个月可以补提吗？

【解答】可以。

【咨询】购买的设备要记入"固定资产"科目，发票里含的税金要不要记入"固定资产"科目？

【解答】如果你是一般纳税人，获取的又是增值税专用发票，要分开核算，税金可以作为进项税额抵扣，设备款记入"固定资产"科目。

【咨询】我公司买的定碳杯数量是 1 500 只，金额 6 600 元，其中税额 958.98 元，每天耗用 20 只。应该怎样做账务处理呢？

【解答】定碳杯应该是"周转材料——低值易耗品"。

1. 购入时：

借：周转材料——低值易耗品（定碳杯）　　　　　5 641.02

　　应交税费——应交增值税（进项税额）　　　　958.98

　贷：银行存款　　　　　　　　　　　　　　　　6 600.00

定碳杯只能使用一次吧，那么把每天耗用的领用数量累计后按月做记账凭证。

2. 领用时：

借：制造费用

 贷：周转材料——低值易耗品（定碳杯）

【咨询】我们是手工记账，生产的产品有几十种，我应该怎样核算？

【解答】如你所说的产品有几十种，可以采用分类法，也就是先分类、后分配的方法，求出各类产品的总成本，然后再根据一定的分配标准在各种产品之间再进行分配，这样各个品种的成本就核算出来了。

如果你想按品种记账也可以，就是太繁琐了，还是建议你的老板上一套财务软件吧，把你解放出来。

【咨询】我新接的会计账，里边有一笔付工伤款，记账凭证是这样的：

借：其他应付款

 贷：银行存款

后面附的是转账支票存根，没有发票，这样做对吗？工伤款应该进什么科目？

【解答】你看到的这笔工伤款，前期一定做了这样账务处理：

借：管理费用

 贷：其他应付款

后来付款的时候：

借：其他应付款

 贷：银行存款

这样，前期那笔款项就结清了。

你可以按"其他应付款"明细账，看看是否在之前有同样一笔贷方金额。你再查找一下那笔记账凭证，看是否像我说的那样处理的。

【咨询】现金进账单款项来源本来是银行借款，误写了工程款，而且已经进账了，会计做账时怎么做？

【解答】冲转原来记入工程款的科目，贷记"短期借款"科目。

【咨询】前任会计在 3 年前把一辆租用的汽车作为"固定资产"入账，但是一直未提折旧。今年这辆车归还了出租人,但"固定资产"账上租用的汽车还在挂着。我接手后,想处理这笔子虚乌有的财产,怎么办? 算清理,还是算盘亏?

【解答】你查查 3 年前那位会计是怎么处理的。翻开记账凭证,看看借记"固定资产——汽车",贷记的科目是什么,把原来的冲转就行了。

在此我要提醒你:前任会计之所以要入"固定资产"账,很可能是为了报销汽车费用,既然车是子虚乌有的,皮之不存,毛将焉附? 如果税务机关不去追究还好,一旦进入他们的法眼将无处遁形。那些已经报销的不合理费用很可能要补交所得税,你要提醒老板有个思想准备。

【咨询】发生漏记的固定资产怎么办? 因为当时没有发票。

【解答】按市场同类物品的价格,估计新旧程度入账。比如电脑,同品牌、同配置的是 4 600 元,漏记的是 1 年前的产品,按着电脑折旧 3 年的年限,这个电脑相当于 3 000 元。

1. 执行《企业会计准则》的企业:

借:固定资产
　贷:以前年度损益调整

同时结转:

借:以前年度损益调整
　贷:盈余公积——法定盈余公积
　　　利润分配——未分配利润

2. 执行《小企业会计准则》的企业:

借:固定资产
　贷:待处理财产损溢——待处理非流动资产损溢

审批后:

借:待处理财产损溢——待处理非流动资产损溢
　贷:营业外收入

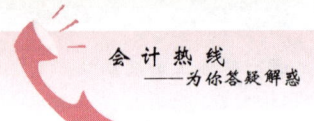
【咨询】老板买了一套古董家具作为收藏品,如何做账务处理?

【解答】如果是老板为了企业收藏,记入"固定资产"科目。

不过,跟经营无关的固定资产,可以计提折旧,但是税法不许在税前扣除。

【咨询】公司无偿租用其他公司的房屋做办公楼,我公司要交什么税吗?

【解答】国家税务总局已经不允许无偿租用房屋了,明确规定:无租使用其他单位房产的应税单位和个人,依照房产余值代缴纳房产税。因此你要缴纳房产税。

【咨询】我们工厂给存货买了保险,请问要怎样做分录?

【解答】属于财险,借记"管理费用"科目。

【咨询】我们是订单采购,也就是说,当有人购买我们的产品时,我们才出去购买原材料加工。有时候材料进来了,发票跟不上,我就没办法入账,这时候材料账上就没有这种材料,可是生产的时候有领料单,我怎么办?

【解答】可以把材料先估价入账,以后发票来了,再重新调整。因为没有看到发票,所以不用做"应交增值税(进项税额)"。

借:原材料(暂估价)

贷:应付账款——暂估应付账款(或供货方)

到了下个月,先冲出上月的暂估入库材料,等收到发票后,按发票上的金额入账。

【咨询】如果银行日记账跟对账单一样,没有未达账项,还需要做余额调节表吗?

【解答】余额调节表调的就是"未达账项",你的账都"达"了就不用做了。

【咨询】出库凭证是根据开出的发票填写的吗?入库凭证是根据收的进项发票填写的吗?

【解答】出库单是按发票上的数量填写的,入库单要按实际收到的数量填写。

【咨询】我们办公室用的是民用电,冷库用的是生产用电,这些电费都记入"制造费用"科目吗?

【解答】办公用电借记"管理费用"科目,生产用电要借记"制造费用"科目。

【咨询】我们老板开了两家公司,第一个是个人独资的,当时购了土地,盖了厂房。现在又开了一个有限公司,已经把资产和负债都转到公司了,原来的厂子又不想注销,只留了土地和厂房。其中厂房已经出租给这个公司,在地税局代开的发票,附带交了很多税(有 7 张单据),我该挂什么科目?

【解答】两个公司应该是两套账,你问的是哪套账?

1. 原厂账务处理。

(1) 转入清理:

　　借:固定资产清理

　　　　累计折旧

　　　贷:固定资产——厂房

(2) 收到款项:

　　借:银行存款

　　　贷:固定资产清理

(3) 缴纳税金:

　　借:营业税金及附加

　　　贷:银行存款

(4) 结转损失:

　　借:营业外支出

　　　贷:固定资产清理

也可能是收入:

　　借:固定资产清理

　　　贷:营业外收入

2. 新公司账务处理。

借：固定资产——厂房

贷：银行存款

【咨询】购进一项金融资产时的手续费，计入成本，还是损益？

【解答】看你执行什么准则了，执行《小企业会计准则》的，购买的金融资产，1年以内的叫"短期投资"，手续费计入成本；购买长期的，比如股票，其手续费计入"长期股权投资"成本里。执行《企业会计准则》的，购买的金融资产叫"交易性金融资产"，手续费计入损益，即"投资收益"。

【咨询】今天一上班，经理让我整理一下往来账，我应该任何整理？

【解答】所说的整理就是清理，主要是把应收账款上的余额收回来。你按应收款项上的单位，逐一与对方核对期末余额，然后电话催款。那些确认要不回来的就做坏账处理。处理后，别忘了年末前要向税务机关申报，否则不许在税前扣除。

【咨询】本月车间购买了设备，应该是固定资产，但只付对方一半钱，余款下个月付。我如何做分录？何时计提折旧？

【解答】分别处理：

1. 购买的固定资产：

借：固定资产

贷：银行存款（一半钱）

应付账款（一半钱）

2. 下个月付余款后：

借：应付账款

贷：银行存款

3. 下月计提折旧：

借：生产成本

贷：累计折旧

【咨询】老板今天拿来了过桥过路费及油费，能入账吗？老板已经把钱拿走了。

【解答】能不能入都要报了。如果账上有车,就没问题;如果没有车,到了年末,做纳税调增。

【咨询】汽车维修公司,小规模,核定征收,维修发票摘要都是开修配费,购进的配件是入库存商品还是原材料?

【解答】库存商品和原材料的区别是看你是否出售,如果直接用于出售,借记"库存商品"科目;如果用于维修,借记"原材料"科目。

另外告诉你:自己使用的工具,借记"低值易耗品"科目。

【咨询】应收票据是不是交易完了之后还没给钱而是开票据那种?如果当时他没给钱,我怎么做分录?

【解答】"应收票据"核算的是商业汇票,包括银行承兑汇票和商业承兑汇票。

交易时,双方协商用商业承兑汇票结算货款。你方收到对方开出的商业汇票时,借记"应收票据"科目,票据到期收账时,再借记"银行存款"科目,贷记"应收票据"科目。

【咨询】一般纳税人从小规模纳税人那儿修理汽车,让对方到税务机关代开了增值税专用发票。全部价款 1 600 元,修理额 1 553.40 元,税额 46.60 元。

我想问的是,为什么不是 17% 的税金?我按什么做分录?

【解答】因为对方缴纳的增值税征收率是 3%,所以不管用什么方式给你开具发票,都是这个税率。

你应该按发票上的数据做分录:

借:管理费用——车辆费 1 553.40
　　应交税费——应交增值税(进项税额) 46.60
　贷:银行存款 1 600.00

【咨询】为什么"应交税费——进项税额"科目在借方?"应交税费"的余额在贷方,不是负债科目吗?

【解答】因为税法有规定,进项税额可以在销项税额中抵扣,销项税额在贷方,那么进项税额就在借方了。就像"累计折旧"抵扣"固定资产"一样,虽然"累计折旧"发生时在贷方,它仍然是资产类科目。

一般纳税人"应交税费——应交增值税"下面还有五个常用的明细科目,它们有的在借方,有的在贷方。

比如:"进项税额""已交税金"发生时在借方;"销项税额""出口退税""进项税额转出"发生时就在贷方。

购进货物的税金是进项税额,要借记"应交税费——应交增值税(进项税额)"科目,销售的时候发生的税金,贷记"应交税费——应交增值税(销项税额)"科目。

【咨询】明天我要接往来会计了,我要注意哪些事情?

【解答】往来账相对简单,没有什么核算,记准了就行。第一笔业务发生时,要记住,汇款或付款后,原路找回去,不能张冠李戴,不能顾此失彼。

这里张冠李戴的意思是 A 客户的账不能记在 B 客户的身上,这里顾此失彼的意思是 A 客户在"应收账款"里,钱来了不能转身记在"应付账款"里。

【咨询】我们办理银行承兑汇票的时候有一个程序,要放 50% 保证金,也就是 60 万元在银行,我们才可以开 120 万元的汇票。我的会计分录要怎么做?

【解答】

1. 存保证金时:

  借:其他货币资金——信用证保证金　　　　　　600 000

  　贷:银行存款　　　　　　　　　　　　　　　　600 000

2. 开出银行承兑汇票时:

  借:库存商品　　　　　　　　　　　　　　　1 200 000

  　贷:应付票据　　　　　　　　　　　　　　　1 200 000

【咨询】我单位是一个汽车运输企业,运输途中发生了交通事故,产生赔偿金 10 余万元,凭法院判决书可否在所得税前抵扣?

【解答】可以。

【咨询】企业购进原材料一批,增值税专用发票上注明数量 1 200 千克,材料金额 10 683.76 元,税额 1 816.24 元,合计 12 500 元。运输途中发生正常损耗 12 千克,入库 1 088 千克,材料款已付,原材料增值税税率为 17%,请问会计分录应该怎样做?

【解答】购进原材料时,途中发生的合理损耗计入原材料成本,原材料正常损耗部分的进项税额允许抵扣。

借:原材料　　　　　　　　　　　　　　　　10 683.76

　　应交税费——应交增值税(进项税额)　　　1 816.24

贷:银行存款　　　　　　　　　　　　　　　12 500.00

【咨询】差旅费补助没有票据怎么做账?找票抵,还是放工资里?

【解答】填在差旅费报销单里,一并报销。

【咨询】我是 6 月份接手的会计账,今年 1～5 月份,原来的会计都没有提过固定资产折旧,而且没有固定资产台账。我翻了去年的账,她不管是桌椅还是电脑设备,全部加起来算一个总数,然后按年限平均法提折旧了。我现在该怎么做?

【解答】没有固定资产账,是不能计提折旧的。建议你把那些设备更正到"固定资产"账上,从下月起,把当年的折旧费补提了。

【咨询】使用财务软件处理了 1 个月的账后,哪些资料需要保存纸质版的呢?

【解答】记账凭证、明细账、总账、汇总表、财务报表都要打印出纸质资料保存。

【咨询】去年我接手的这家公司账务,我发现有一笔其他应付款——甲某挂账 100 多万元,我问了老板,他说不欠这个人的,但是不清楚怎么回事。经过查账,原来在 2011 年年初的时候,我们由手工账变电子账,在建账初期,会计把其他应付款的余额,都放在这个人身上了。我怎么处理呢?

【解答】既然你已经查到原因了,就按手工账中"其他应付款"里的明细账科目,重新订正到电算账中。

【咨询】我们公司有两个矿权,分别是去年 4 月份和 10 月份拿到的,那么这个月无形资产入了账的话,推销应从哪个月开始?前面部分应该补摊吗?如果要补是从拿到矿权开始摊呢,还是从勘查开工的月份开始摊呢?

【解答】应该从无形资产入账的当月开始摊销,以前没入账,所以不能补记摊销,何况还是跨年的。

【咨询】有收入可以没有成本吗?有些单位账,只有收入没有成本,可以这样做吗?

【解答】意外收入没成本,太对了。不过那叫营业外收入,准确地说那不是收入,是利得。你说这会计概念多矫情吧。

【咨询】我怎么汇总也不平啊,怎么回事?

【解答】第一种可能借贷方金额抄写的时候反了;第二种可能是金额写错了;第三种可能是漏了一个科目。

【咨询】实际工作中货到发票未到,可以先做成本、债务。我只在注会的书里找到这个规定,哪些制度里还有呢?

【解答】考试书上的规定,就是会计准则的规定,都是统一的,只是大小会计准则在有些核算上有一点差别,开始的话,就以书上的为准吧。

【咨询】我公司为一般纳税人,按6%简易征收增值税(不可抵扣的)。

销售时:

借:应收账款

贷:主营业务收入

应交税费——应交增值税(销项税额)

下月缴纳时:

借:应交税费——应交增值税(销项税额)

贷:银行存款

这样应该没错吧?

【解答】你是自来水公司的吧?分录做得对。因为没有"进项税额"可抵扣,不必设"销项税额",直接记在"应交增值税"里就行了。

【咨询】企业接受捐赠10 000元,偿还银行短期借款。分录应该怎样做?

【解答】

1. 接受捐赠时:

借:银行存款　　　　　　　　　　　　　　　　　　10 000

　　贷:营业外收入　　　　　　　　　　　　　　　　10 000

2. 还贷款时:

借:短期借款　　　　　　　　　　　　　　　　　　10 000

　　贷:银行存款　　　　　　　　　　　　　　　　　10 000

【咨询】我知道会计上对收入规定了确认条件,因为收入涉及税收,所以我想知道税法对收入是怎么确认的?

【解答】当会计的就是应该像这样,不但要学好会计准则,还要了解税务。

你知道了税收是依据营业收入计算的,那么税法就对收入的实现做了规定,具体如下:

1. 商品销售合同已经签订,企业已将商品所有权相关的主要风险和报酬转移给购货方。

2. 企业对已售出的商品既没有保留通常与所有权相联系的继续管理权,也没有实施有效控制。

3. 收入的金额能够可靠地计量。

4. 已发生或将发生的销售方的成本能够可靠地核算。

【咨询】销售的收入我知道怎么确认了,提供劳务的收入也应该有规定吧?

【解答】对,还是看国家税务总局的具体规定吧:

1. 安装费。应根据安装完工进度确认收入。安装工作是商品销售附带条件的,安装费在确认商品销售实现时确认收入。

2. 宣传媒介的收费。应在相关的广告或商业行为出现于公众面前时确认收入。广告的制作费,应根据制作广告的完工进度确认收入。

3. 软件费。为特定客户开发软件的收费,应根据开发的完工进度确认收入。

4. 服务费。包含在商品售价内可区分的服务费,在提供服务的期间分期确认收入。

5. 艺术表演、招待宴会和其他特殊活动的收费。在相关活动发生时确认收入。收费涉及几项活动的,预收的款项应合理分配给每项活动,分别确认收入。

6. 会员费。申请入会或加入会员,只允许取得会籍,所有其他服务或商品都要另行收费的,在取得该会员费时确认收入。申请入会或加入会员后,会员在会员期内不再付费就可得到各种服务或商品,或者以低于非会员的价格销售商品或提供服务的,该会员费应在整个受益期内分期确认收入。

7. 特许权费。属于提供设备和其他有形资产的特许权费,在交付资产或转移资产所有权时确认收入;属于提供初始及后续服务的特许权费,在提供服务时确认收入。

8. 劳务费。长期为客户提供重复的劳务收取的劳务费,在相关劳务活动发生时确认收入。

【咨询】工会经费按应付工资额计提,还是按实发工资额计提?

【解答】工会经费按应付工资额计提。

【咨询】服务业没有实物出售,还需要设置"主营业务成本"科目吗?

【解答】需要,只要有主营业务收入,就有主营业务成本。

四、期末结转的内容

期末结转要认真,损益科目别漏项。

【咨询】期末结转指什么?

【解答】结转的内容包括:月末销售商品的成本结转、损益科目的结转,还有年末的利润结转。

【咨询】月末结转损益的顺序是什么?

【解答】准确地说是月末损益类科目的结转。

1. 结转各项收入、利得类科目：

借：主营业务收入

　　其他业务收入

　　公允价值变动损益

　　投资收益

　　营业外收入

　贷：本年利润

2. 结转各项费用、损失类科目：

借：本年利润

　贷：主营业务成本

　　　其他业务成本

　　　营业税金及附加

　　　销售费用

　　　管理费用

　　　财务费用

　　　资产减值损失

　　　营业外支出

【咨询】结转成本的时候，发生的维修工人工资记入"主营业务成本"科目，还是记入"生产成本"科目？

【解答】你是什么企业？ 如果是维修行业，可以直接计入"主营业务成本"，如果是工业企业，就记入"生产成本"科目。

【咨询】季末需要结转什么？

【解答】季末与月末的损益结转是一样的，但是多一项企业所得税费用的结转。因为企业所得税是按季度预缴的。

先根据"本年利润"科目余额计算出应交企业所得税：

借：所得税费用

　　贷：应交税费——应交企业所得税

然后将"所得税费用"科目转到"本年利润"科目：

借：本年利润

　　贷：所得税费用

【咨询】年末利润的结转顺序是什么？

【解答】到了年末，要把"本年利润"科目余额转到"利润分配——未分配利润"科目。

1. 结转利润。

如果"本年利润"科目余额在贷方：

借：本年利润

　　贷：利润分配——未分配利润

如果"本年利润"科目余额在借方：

借：利润分配——未分配利润

　　贷：本年利润

2. 提取公积金。

（1）计提盈余公积。

借：利润分配——提取法定盈余公积

　　　　　　——提取任意盈余公积

　　贷：盈余公积——法定盈余公积

　　　　　　——任意盈余公积

3. 分配利润。

借：利润分配——应付现金股利

　　贷：应付利润

4. 明细科目结转。

借：利润分配——未分配利润

　贷：利润分配——提取法定盈余公积

　　　　　　——提取任意盈余公积

　　　　　　——应付现金股利

今天的热线就接到这里了。晚上,躺在床上,我在琢磨两个词组:损益、损溢。

这两个字只能从字面上理解:

损,损失、减少;益,利益,增加。

损,损失、减少;溢,溢出,多出。

就像"帐"与"账"的区别,我刚上班的时候,账簿、记账凭证里的"账",都是用这个"帐",后来,财政部门发文规定统一使用"账"了。

从汉字的角度讲,跟织物有关的叫"帐",比如"帐篷",跟钱有关的叫"账",比如账户、账号,因为最早的货币是"贝壳"。

说到贝壳,你知道这是"壳"怎么发音吗? 读"qiào"的时候是什么意思? 发"ké"的时候是什么意思? 其实都是一个意思。

中国的汉字太有意思了!

 **我的故事**

工作的第二个月,科长分配我记费用明细账。

还记得第一次处理账务,我拿着出纳传给我的记账凭证,开始相面,第一次深刻体验了不知所措的含义。

我看完正面看反面,反面有一张发票,是购买办公用品的,上面签字的人名中我只认识财务科长。无奈,我去请示科长:"这个我应该记到哪里?"

科长在发票的后面写上四个字:管理费用。

从此以后,凡是交给我的原始凭证,科长都在后面标注会计科目,我很感激。每次拿到这样的发票,我都用心地记下,什么样的原始凭证,记在哪

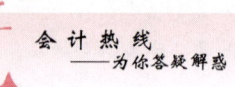

个科目里。时间长了,我也知道了那些签字的人都是什么部门的。摸清了规律,我也经历了量变到质变的过程。

后来我了解到,我们科的会计岗位中,我的工作是最简单的。

你看啊:科长审核,做财务报表;我只记一本费用账,包括三个期间费用;有一个专门记往来账的,有应收和应付;一个记库存材料账的,原材料和库存商品;一个记固定资产账的,还有其他不常发生的账;一个记成本账的,包括生产成本和制造费用;还有一个专门结转、汇总、记总账的。

会计工作每个月循环往复,周而复始。我还好,到月末与总账核对金额,没有错误就可以结账了。别的会计总是有些纷争,开始我也听不懂,后来知道是因为成本分摊啊、利润结转等问题进行商议。当时我很纳闷,这些数字还有商量的余地吗?现在懂了,那时候国企是要政绩的,利润多少都要调控一下。我真佩服当时的会计科长,是怎么做到平衡的,既要兼顾领导的面子,又要账面显得真实。

我工作不到 4 个月就到了年末,科长拉出一份应收账款的名单,吩咐我和管账的大姐去周边的县城对账催款。

那是我第一次公出,感觉很新奇。

一圈儿转回来差不多 10 天,没什么大的差错,清理回来两笔欠账,没有浪费差旅费。

回来后,我又被吩咐去企业开户行对账。

当时我们的银行账 1 个月要记十几页,对账单密密麻麻的有六七张。核对的时候,我先用铅笔在金额后面画对号,把没有核对上的金额抄下来。因为太多的缘故吧,每次都不一样,气得我真想把账撕了。因为反复画得多了,账都花了。

有个老会计发现后,对我说:"小姑娘长得挺干净,这账让你弄得那么脏。"说得我真不好意思,从此知道爱护账本,每次都轻描淡写。

我们科有轮岗制度,每个人都有熟悉各个岗位的机会。第二年夏天,又分来一名毕业生,我顺理成章地把手里最简单的工作交给了新人,开始记材料账。

当初记银行账的时候我觉得很琐碎，自从记了材料账，我才知道什么叫麻烦——还不如琐碎呢。

我们是加工厂，材料很多，记了足足两大本，账边上的口取纸都弄皱了。因为我刚接触这些账，账上的材料对我来说都是陌生的，也不知道都藏在什么地方，每次记账都要翻目录，记一种材料就要翻一次目录。看看现在的会计，至少都用上进销差软件了，多幸福啊。

最闹心的事情还在后面，到了车间大检修的时候，要核对材料账和商品账。我拿着账本到了保管室，只见满屋里都是材料，一件件、一堆堆、一串串，看得我眼花缭乱，尤其是当保管员的账与我的账核对不起来的时候，就有砸零件的冲动。

一晃5年过去了，我除了没有做过审核——科长的专权，几乎所有的账目都经手了，为我日后报考中级职称打下了实践基础。

记住：会计工作，积累经验比积攒证书重要。

第三节　了解行业

很少有一个会计在一个企业做一辈子，了解的行业越多，择业的机会越大。

一、服务行业的账务

服务行业的企业很广泛，包括餐饮业、广告业、住宿业等。

【咨询】我们是咨询公司，与主营业务收入相关的成本包括有哪些？是否可以直接在主营业务成本下设各种科目来核算，还是说需要通过其他科目进行费用归集最后再结转到主营业务成本里？比如设计师、工程师的工资。

【解答】你只要把与主营业务收入无关的计入管理费用，其他的支出都是主营业务成本。

【咨询】我刚接手服务公司会计,以前这些账是在会计代理公司做的。前两天我把账接过来,一看就傻眼了:银行存款账上趴着100多万元,现金账上趴着3万多元,可事实上银行账户只有几千元,出纳员手里的现金是几百元。我问会计公司是怎么回事,他们告诉我,因为我们出纳的账他们没代理,只记了会计账。那这些账是怎么平的呢? 我该怎么做啊?

【解答】随着会计代理公司的增加,一些小企业开始图省事,找他们代理。有的名副其实,有的滥竽充数。不知道企业是怎么跟们签的协议,也许老板就是让他们应付税务机关的,别的不管吧。既然拿回来了,还是看怎样把账对平了吧。

1. 到银行取来对账单,一笔笔对账调整。

2. 看收入和应交税费是否能对上。

3. 核对往来账。

4. 看利润是否准确。

5. 最后在现金上找平。

【咨询】我们是运输企业,有很多车辆,按什么方法计提折旧? 按工作量法,还是按年限平均法?

【解答】建议按年限平均法,因为所得税法规定:"固定资产按照直线法计算的折旧,准予扣除。"还规定了最低折旧年限:"飞机、火车、轮船以外的运输工具,为4年。"

《小企业会计准则》已经没有了工作量法,是为了与税法同步吧。

二、商业企业的账务

流通业主要指专门以商品流通活动为主要经营业务,包括商业、粮油业、物资供销业、医药及图书发行业等。

【咨询】商业企业的成本是指什么?

【解答】购买商品的价款,就是商业的成本。

【咨询】商业企业主要缴纳什么税? 一般纳税人怎么计税?

【解答】增值税是主要税种,其他的还有附加税等,与企业行业一样。

一般纳税人企业购进商品时有进项税,销售商品时有销项税,两者相抵后就是应缴纳的增值税,然后根据增值税计提附加税。到了第二个月月初,缴纳增值税及附加税费。

【咨询】能详细地介绍一下商贸企业一般纳税人的业务流程吗?

【解答】大体流程:购进商品→销售商品→结转成本→结转利润。

关于收支:购进的商品借记"库存商品"科目,销售后贷记"主营业务收入"科目,结转销售成本时借记"主营业务成本"科目。

关于费用:平时发生的费用记入"销售费用"科目,管理费用不多的可以不设置"管理费用"科目。

关于利润:到了月末,把所有的损益类科目转到"本年利润"科目。

【咨询】我以前是做服务业的会计,现在做商业的会计,弄得我一点头绪都没有。

【解答】你说得我也没有头绪啊,你问得具体点嘛。

现在会计准则是统一的,每个行业的会计核算大同小异。只要知道成本怎么核算,基本就掌握了那个行业会计的思路。

你没有具体说,我也只能笼统地讲一下商业处理流程。

1. 购入商品。

借:库存商品

　　应交税费——应交增值税(进项税额)

　贷:银行存款(应付账款)

2. 销售商品。

借:银行存款(应收账款)

　贷:主营业务收入

　　　应交税费——应交增值税(销项税额)

3. 结转成本。

借:主营业务成本

　贷:库存商品

其他方面的核算都是一样的,资产、负债、所有者权益,还有收入、费用、利润,连财务报表都没有区别。

【咨询】 劳务和服务有什么区别?

【解答】 劳务是服务的一种,在会计核算上有点不同。有的服务支出记入"主营业务成本"科目,有的劳务支出是一个整体服务,可以使用"劳务成本"核算,然后转入"主营业务成本"科目。会计有意思吧?

【咨询】 我们商场店庆举办促销活动,购满 1 000 元商品,送 300 元购物卡,如何确认收入?

【解答】 按实际收到的钱确认收入。假设消费者购买了 1 000 元的商品,那么 1 000 元是收入。然后消费者用 300 元购物卡,又购买 350 元的商品,收到 300 元的卡和 50 元的现金,那 50 元做收入。

【咨询】 我们是销售食品的企业,有一批过期的食品已经处理,我怎么做分录啊?

【解答】 分步骤做分录。

1. 食品过期处理时:

   借:待处理财产损溢——待处理流动资产损溢
     贷:库存商品
       应交税费——应交增值税(进项税额转出)

2. 经过管理层审批后:

   借:管理费用
     贷:待处理财产损溢——待处理流动资产损溢

执行《小企业会计准则》的,借记"营业外支出"科目。

【咨询】 请问库存商品的毛利率是怎样算出来的?

【解答】 你看公式就知道怎么算了。

毛利率=(销售收入-销售成本)÷销售收入×100%

三、建筑行业的账务

建筑行业包括建筑、工程、安装和装饰业等。

【咨询】不同的行业，会计核算有什么区别？

【解答】区别都在成本核算上。行业不同，成本的会计科目也不同：服务业是"劳务成本"，工业是"生产成本"，施工业是"工程施工""机械作业"，房地产是"开发成本"。

【咨询】我们是装饰公司，全套的账务怎么处理？

【解答】我大致说一下啊：

1. 平时发生的装饰成本：

　　借：工程施工——合同成本

　　　　贷：银行存款（应付职工薪酬等）

2. 与客户结算的工程款：

　　借：应收账款

　　　　贷：工程结算

3. 确认收入和成本：

　　借：主营业务成本

　　　　　工程施工——合同毛利

　　　　贷：主营业务收入

4. 根据主要业务收入计提营业税和附加税费：

　　借：营业税金及附加

　　　　贷：应交税费——应交营业税

　　　　　　　　　——应交城市维护建设税

　　　　　　　　　——应交教育费附加

　　　　　　　　　——应交地方教育费附加

5. 工程决算时科目对冲：

借：工程结算

贷：工程施工——合同成本

——合同毛利

这是大中型企业的处理方法，执行《小企业会计准则》的企业，没有"工程结算"科目和"工程施工——合同毛利"科目，"工程施工"科目只有"合同成本"和"间接费用"两个明细科目，到了月末，把"工程施工——合同成本"转入"主营业务成本"科目，不用对冲，更简单。

【咨询】我们在施工过程中将一家公司门口的道路损坏了，对方要求我们赔偿，我们要发票，他们不给，我们是否可以根据赔偿协议以及对方收据等入账，关键是能否在税前列支？

【解答】因为没有经营关系，所以对方是不能给你开具发票的，你可以使用收据或双方协议入账。

至于是否能在税前扣除，所得税法是这样规定的：与企业的收入无关的支出，还有罚款、罚金都不允许在税前扣除。但是你们是施工过程中发生事故，应该算是跟收入有关的，我觉得应该在税前扣除。不过你还是跟税管员沟通一下，看看是否允许在税前扣除。

【咨询】我以前做过工业会计全盘账，明天要去面试一家房地产公司的会计。房地产会计流程是怎样的？都缴纳什么税金啊？

【解答】房地产会计跟工业会计差不多，主要区别就在成本的核算上。

简单地说，成本核算分三个阶段——土地开发、房屋开发、配套设施开发，完成一步结转一步，直至房屋可以出售。有的企业把房屋建设和销售都承包出去了，核算就简单很多。其他的核算与别的企业都一样了。

一般的企业涉及税金六七种，而房地产企业的税种有十几种，品种那个全啊——营业税、城市维护建设税、教育费附加、房产税、土地增值税、城镇土地使用税、印花税、契税、所得税，有车的还有车船税。

【咨询】我们承包的工程，是按月结算的，每个月老板把工作量报上去，对方按每月完成工作量的70%来结账，我方给其开70%的发票。老板没有告诉我总成本和总工作量，就连本月的工作量都没有给我，只有现期的合同费用。我问老板,老板就说按实际完成工作量算,是不是要等到完工之后结实际发生费用啊? 剩下的 30% 要怎样反映出来啊?

【解答】如果不是跨年的,你可以按收到的工程款记收入。比如:本月报上去的工作量清单是 10 万元,实际收到 7 万元工程款。

借:银行存款　　　　　　　　　　　　　　　　　70 000
　贷:主营业务收入　　　　　　　　　　　　　　　70 000

如果跨年了,你要向老板要"工程结算清单",至少要知道完成的工作量,也就是老板说的实际完成工作量。你要根据完工进度确认收入。这也是税法规定的。

不知道你执行哪个准则,如果是小企业,现在可以执行《小企业会计准则》。如果是大中型企业,要执行《企业会计准则》。

如果你要反映那 30%,按《企业会计准则》可以这样做:

借:应收账款
　贷:工程结算

收到工程款后:

借:银行存款
　贷:应收账款

【咨询】建筑装饰企业缴纳什么税?

【解答】主要缴纳营业税、城市维护建设税、教育费附加、地方教育费附加、印花税、企业所得税等。

【咨询】我们公司接了一个工程,总价有 100 多万元,只有 10 多万元的发票,老总要我开 80 万元的劳务工资,可是工期只有 2 个月啊。眼看年底要交所得税了,真是急死人了。我是新手,老总强行要这样,我都不知道该什么办,总怕税务、审计来查,给点建议好吗?

【解答】会计处理账务不是难事,难的是领导不按规矩出牌。你说的现象很常见,尤其是施工企业。平时不注意索要发票,或者干脆凭空捏造,然

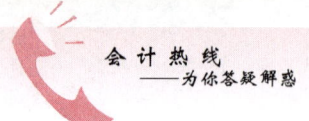
后把矛盾推给会计。不但你新手没辙,旧手也为难啊。你都知道会出娄子,说明这是危险的事情。你不妨把险情跟领导说说,不是每个当领导的都了解会计法的。如果你能把领导吓唬住,你就成功了一半。

【咨询】 房地产开发企业缴纳什么税?

【解答】 主要缴纳营业税、城市维护建设税、教育费附加、地方教育费附加、土地增值税、房产税、印花税以及契税等。

四、工业企业的账务

工业主要包括采掘业、制造业、自来水、电力、蒸汽、热水和煤气等行业。

【咨询】 服装厂的成本怎样划分?

【解答】 服装厂的产品是服装,加工服装耗用的材料、人工费和制造费用,就是服装的成本。制造费用包括车间的管理人员工资、水电费、机物料、修理费等。

【咨询】 刚到一家棉短绒加工企业面试,现在通过了,不过我不知道企业的会计流程,讨教前辈。

【解答】 账务流程不分行业,都是一样的,不同的是每个企业的业务流程。

上班后,你收到什么原始凭证就处理什么业务就可以了,每个月结转一次损益,利润就出来了。加工厂,关键是产品成本的核算,以前有账,可作参考。

【咨询】 服装企业生产时,每个款式要做纸样或网板,这个要入哪个科目呢?

【解答】 我不知道你说的纸样或网板能使用几次,如果一次就作废,直接记入"制造费用"科目;如果能多次使用,可以考虑先记入"低值易耗品——在用"科目,然后分次摊销到"制造费用"科目。

【咨询】 我刚接手五金产品加工厂做会计,不知道怎么去核算,您能否结合自己的实践讲解一下成本核算的思路?把我领上道!

【解答】 你要求的这条道是有点长,我领你先走几步吧:

第一步,平时把加工五金产品的直接材料、直接人工记入"生产成本"科目。

　　借：生产成本——基本生产成本(分产品设置明细科目)

　　　　　　　　　——辅助生产成本

　　　贷：原材料

　　　　　应付职工薪酬

如果有辅助车间,还要核算"辅助生产成本"。

　　借：辅助生产成本

　　　贷：银行存款(应付职工薪酬等)

平时,把车间发生的间接费用记入"制造费用"科目里。

　　借：制造费用

　　　贷：银行存款

　　　　　应付职工薪酬

　　　　　原材料

第二步,到了月末,如果有辅助车间,把费用分配到受益部门。

　　借：制造费用

　　　　管理费用

　　　　销售费用

　　　贷：生产成本——辅助生产成本

然后,把"制造费用"分配到"生产成本"里。分配方法要根据企业的情况,一般使用工资比例法。

　　借：生产成本

　　　贷：制造费用

第三步,根据车间报上来的五金成品数量,把"生产成本"的余额在完工产品和在产品之间分配,把成本完工成本从"生产成本"科目转移到"库存商品"科目。

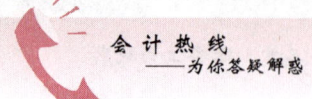
如果没有在产品,那么所有的生产成本就是所有产成品的成本,"生产成本"的金额除以产品的数量,单价就出来了。

借:库存商品

　　贷:生产成本

【咨询】采购的配件大部分都没有发票,已经按暂估价入账很多笔了,现在发票来了,原来那么多的笔数,可以用一张入库单直接做账吗?

【解答】可以。

【咨询】服装厂的成本怎么划分?

【解答】加工服装耗用的材料、人工费和制造费用,这些就是服装的生产成本,是成本的三大组成部分。

【咨询】做账时,生产成本科目得到的数字是怎么来的? 为什么要这么做?

【解答】"生产成本"科目里的数字,是平时车间领用的原材料、给生产工人的工资、支付的制造费用,发生的时候做的。

【咨询】我们是一般纳税人企业,主营汽车美容、汽车用品销售、汽车维修,在结转成本的时候,汽车用品和维修的配件要分开结转吗? 比如:主营业务成本——汽车用品(或配件)。我做的时候把汽车用品和配件都归纳在一起做了,这样合理吗?

【解答】用于出售的汽车用品和配件在"库存商品"里核算,这个要按品种,因为购买的时候就是按品种入账的吧。结转成本的时候,"库存商品"要细分,"主营业务成本"不用分得那么细,除非老板要求你细分。

【咨询】我们是做服装的一般纳税人,现在买的机器设备款没有从银行账户里支出,而且收到的都是收据,也没有验收手续,乱死了,我不知道该如何着手,请您帮我列一条链子出来。

【解答】当会计的,你要建议老板按会计的规定去处理事情,对于收到的不合规的票据要跟他解释清楚后果。咱是管家啊,要健全财务制度,不然你还没做账呢,自己却变成一团乱麻了,多遭罪啊。

你要我帮你列出"链子",我试试啊。

1. 购买时：从银行账户里出钱购买机器设备、服装材料等,要收增值税专用发票,因为你们是一般纳税人,要做进项税额抵扣,否则你就要全额缴纳 17% 的增值税。

2. 生产时：直接用于加工服装的支出作为"生产成本"核算,间接的费用放在"制造费用"科目里。月末把"制造费用"按材料或人工费的比例分配到各种服装产品里,然后把成衣从"生产成本"转到"库存商品"里。

3. 销售时：借记"银行存款"科目,贷记"主营业务收入"、"应交税费——应交增值税(销项税额)"科目,到了月末别忘了计提增值税的附加税费。

4. 结转时：一个是成本的结转,一个是利润的结转。

程序就是这样,我只能说到这个程度了。

【咨询】新开的汽修厂,有些设备是原先自己没开厂时就有的,现在用到新开的厂里了,都是旧的设备,如何估算价值?

【解答】没有发票是吧?应该经过评估才能入账,否则不让计提折旧。

【咨询】汽修厂的主要账务有哪些?

【解答】汽修厂处于工商业之间,又有点服务业的性质,如果销售零部件的话,零部件记入"库存商品"科目,像商业;如果是修理修配,购买的配件记入"原材料"科目,又像是工业。如果是一般纳税人,有进项税和销项税;如果是小规模纳税人,销售额是含税的,价税要分开核算。

1. 购买配件时：

借：库存商品(或原材料)
　　应交税费——应交增值税(进项税额)
　贷：银行存款(应付账款)

2. 修车收款时：

借：银行存款(或应收账款)
　贷：主营业务收入
　　应交税费——应交增值税(销项税额)

3. 领用配件时：

借：主营业务成本
　贷：原材料

4. 分配工资时：

借：主营业务成本
　管理费用
　贷：应付职工薪酬

5. 结转利润时：

（1）结转收入。

借：主营业务收入
　贷：本年利润

（2）结转成本。

借：本年利润
　贷：主营业务成本
　管理费用

【咨询】我厂刚成立，是核定征收的，加工入库、产品销售都没有票据。到了月末，不知道拿什么结转成本，心情好烦，希望老师指教一下，谢谢！

【解答】听说过"巧媳妇难为无米之炊"吧，会计没有原始凭证怎么入账啊，这就是你"心情好烦"的原因。

原材料要入账，首先要有保管员的入库单；结转耗用材料成本，也需要保管员给你提供车间领用材料的数量；结转产品成本，则需要你平时核算"生产成本"，然后根据车间提供的完工产品和在产品的数量，结转出"库存商品"，这些都要相关部门提供数据，这是工业会计核算的基础。

你也意识到"无米下锅"的问题，你没有"要生米"的能力，就跟老板说，把相关手续制度健全起来，你才能做出"熟饭"。

今天中午，我正吃饭呢，接到一个电话，是个女中音。我猜测着她的年龄,可能是年龄稍长。她问了一些成本结转的事情,然后跟我说,自己看书的时候,觉得成本的结转很神秘,一直稀里糊涂的。听了我的讲解,如同开了天窗。

我乐了,说:"我都成建筑师了。"

她忽悠我:"您就是人类灵魂的工程师啊!"

这话耳熟,我的第一个判断大概正确,现在的年轻人很少用这样的形容词。

我反问:"真的假的?"

你猜她说什么:"你就当真的听。"

我有点懵,跟我开玩笑?我跟你很熟吗?

那边的她大笑起来:"你听不出来我是谁啊?"

"报个大号吧?"我的大脑在快速旋转着。

"我是大张啊!"

"哦,你不做保管员啦?"

大张是我当会计时那家企业的保管员,是老板家的远房亲戚,今年快40岁了。

她说:"不做了,老板让我学会计,我也觉得会计没什么了不起的,刚开始学。"

我问:"怎么样,有不懂的就问我,我一定挑会的告诉你。"

她也没客气,问:"存货是什么意思啊,就是存放在库里的货物吗?"

乍一听也有道理,细一想,不全面。

我补充道:"放在展厅里的商品也是存货,装在火车上往企业运的物资也是存货。"

她恍然大悟:"对呀,放在猪栏里的小猪也是存货,我都快成猪了。"

说完自己哈哈大笑。

我刚想说"猪是蠢货",觉得实在不妥,又咽了回去。

跟她聊完,我的午饭都凉了。

我的故事

自从单位解体后,最先找到工作的,就是我们这些会计。

记得当初老妈说过,女孩子当会计能做一辈子。如今我已经做了半辈子,目前还没有失业的前兆。

因为在国企做惯了每天八小时的工作,我变成自由身后,再不想重复原来的状态,于是我选择了做兼职会计。月末只去几天,中间有事就去,没事的时候我随意支配,优哉游哉。

因为兼职的事情少,时间多,我最多的时候同时兼职三家,都是不同的行业。我择业的原则是不选同行业的会计岗位,一是想了解更多行业的会计知识,二是避免泄露商机的嫌疑。

那段时间,我的专业跨度大了,知识面广了,眼界也宽了。不过跟现在的会计比也许不值一提。我在国企做了二十年被甩向社会,兼职是不得已而为之;而现在的会计两年可能都跳槽三次了,这样算来二十年能进过多少行业啊,真是后生可畏。

记住:会计技能多,就业渠道阔。

第四节 编 制 报 表

企业的财务报表包括资产负债表、利润表、现金流量表。

一、财务报表的需求

对于财务报表,不同的部门关心不同的数据。内部做参考,外部要汇报。

【咨询】我是初学者,企业的财务报表都报给哪些部门?

【解答】对财务报表有需求的是:

1. 企业老板：他要掌握企业的全部经营情况，做到心里有数。

2. 其他投资者：他们更关心盈利情况，看重企业的分红能力。

3. 债权人：主要看企业的长短期的偿还能力。

4. 税务机关：每个季末申报企业所得税的时候报送，一般纳税人每个月都要申报。主要看收入、看利润、看税金的缴纳情况。

5. 开户银行：有贷款的企业需要报送，主要看企业的盈利能力、支出能力和偿还能力。

6. 会计师事务所：到了年末，一些企业需要做财务报表的年审。

7. 工商部门：每年年初营业执照年检时要送审。

【咨询】我们公司要给多家银行报送财务报表，但是每家银行要求达到的利润额度又不同，我该怎样调整利润表和资产负债表呢？调哪些项目呢？

【解答】你猜猜我会告诉你吗？如果告诉了你，我就成了教唆犯了。提供虚假信息，要负法律责任的。都说做会计有风险，这是其中之一。

二、财务报表的编制

财务报表有三种：资产负债表、利润表、现金流量表，前两种报表依据会计账簿编制，后一种依据现金的收付情况填列。

（一）资产负债表

资产负债表是时点报表，综合反映截止到报表那一天企业财务项目的分布情况。

【咨询】资产负债表是怎么编制的？

【解答】资产负债表是根据总账科目余额和明细账科目余额分析、计算填列的。

比如编制月报，月末结账后，会计把总账科目余额拉出一张表，然后根据表里的数据填到表上相应的栏目，最后左边"资产"等于右边的"负债及所有者权益"，就说明编制正确。

使用财务软件的，要实现设置，然后提取数据，自动生成财务报表。

注意:其中有三个项目是多个科目的余额合计。一个是"货币资金",是"库存现金""银行存款""其他货币资金"科目余额的合计;还有一个"存货",是"在途物资""原材料""包装物""周转材料""生产成本""库存商品""消耗性生物资产"科目余额的合计;最后一个是"未分配利润",是"本年利润"和"利润分配"科目余额的合计。

【咨询】我上个月的记账凭证是正确的,就是做科目汇总表的时候少记了一张凭证,报表是根据科目汇总表报的,导致报表错误,而且报表已上报,我是在登总账跟明细账的时候发现的,现在总账跟明细账对不上,我该怎么调整?

【解答】因为你的账务处理程序错了,汇总后记总账,明细账与总账核对无误后再结账,最后编制财务报表。

你说的好像是月度报表,问题不大。记账凭证重新做一张,当成是本月的,然后在明细账上调到本月,这样依据汇总表记总账,明细账和总账也能核对起来,财务报表也对了。

【咨询】资产中有应收账款一项,如果一部分应收账款变成了坏账,也就是资产减少了,那么资产负债表等式右边怎么与之平衡呢? 债务不会减少,只能是股东权益减少吗? 按我的理解,股东权益就是股东们创办企业的初期投资,应该是个固定数啊,我想不明白。

【解答】我帮你想。

你说得对,坏账,是资产减少了,但是资产减少是一种损失,同时"损失"也增加了。

你说"股东权益就是股东们创办企业的初期投资"是对的,但随着经营,会出现盈利,也可以出现亏损,就不是个固定数了。

先看一下资产负债表。

在所有者权益项目里,除了"实收资本""资本公积"(这是你说的股东初期投资),还有"盈余公积"和"未分配利润",这两个家伙是反映企业经营盈亏情况的,是赔是赚都是所有者权益。

再看坏账的账务处理。

大中型企业可以计提"坏账准备",这个准备是放在"资产减值损失"科目里的,这个科目是损益类,最终要转到"本年利润"科目的借方,"本年利润"的金额填在资产负债表里,就是"未分配利润"的减项金额。

利润减少了,所有者权益也减少了,也就是你说的"股东权益"减少了。

现在看,左边"应收账款"减少,右边"未分配利润"也减少了,这样左右是不是平衡了?

顺便说下,《小企业会计准则》没有规定计提坏账准备,发生的时候借记"营业外支出"科目,这也是损益类科目,月末要结转到"本年利润"科目的借方,还是损失。

【咨询】公司买的打印机算固定资产,可列在资产负债表的左边。但打印纸、墨盒等耗材不算资产,怎么在资产负债表中体现呢?

【解答】耗材属于费用,费用是损益类科目,具体数据填在利润表"管理费用"项下。在处理账务的时候,结转的"管理费用"要借记"本年利润"科目,这笔金额是填在资产负债表里"未分配利润"项下。

如果你填制了记账凭证后,然后记账,最后根据总账编制报表,这些问题就迎刃而解了。难道你不处理账务、不做记账凭证,直接做报表吗?哦,是想知道它们的关系。

【咨询】为什么我的科目汇总表是平的,但是资产负债表不平,如何查出原因?

【解答】是手工账,还是电算账?如果是手工账,并且你保证总账科目汇总表是平的,有两种可能:一种是记账后余额算错了,另一种是填表的时候金额计算错了。

(二)利润表

利润表是时期报表,综合反映一段时期里企业的经营成果情况。

【咨询】利润表怎么编啊?

利润表是根据损益类科目的发生额分析编制的。

比如编制月报,月末结账后,把总账里损益类科目的借贷方发生额列出来,把合计数填到相应的栏目,最后从上到下推算出来的"净利润"等于"本年利润"的总账余额就对了。

【咨询】月末填报的利润表,推算出来的利润总额,比当月"本年利润"科目的余额多出 23 931.62 元,我怎么查也查不出来,后来发现了一笔金额,是本月有一家企业退货,有一笔冲减的金额,就是这个金额。可是我翻记账凭证了,我做在"主营业务收入"科目的借方,没错啊。怎么回事呢?

【解答】你做得没错,错就错在你没分析。

你是一般纳税人吧? 我算了下你的这笔金额,应该是 28 000 元的收入额。其中:收入冲减 23 932.62 元,税额冲减 4 068.38 元。

假设:本月只有两笔收入,一笔是 50 000 元,一笔是 18 000 元。两笔金额贷记"主营业务收入"科目是 58 119.66 元,其中 50 000 元那笔发生了退货 28 000 元,你要借记"主营业务收入"科目 23 932.62 元。问题就出在这里。

到了月末,"主营业务收入"总账上的余额是贷方 = 58 119.66 − 23 932.62 = 34 187.04(元)。你按这个金额结转到"本年利润"科目的贷方。

汇总后,"主营业务收入"的明细账和总账,借方、贷方金额都是 58 119.66 元。

于是,在编制利润表的时候,你自然会按损益类科目的发生额填列 58 119.66 元。可是,实际上本月的收入是 34 187.04 元。

那个差额 23 932.62 元就是这么出现的。

这是手工账的问题,在电算账里也会出现,你要事先设置,出现退货的时候直接从贷方收入额中冲减,问题就解决了。

这也是所有损益类科目会出现的问题,尤其是"财务费用"中的利息收入。

【咨询】为什么我这个月利润表中的净利润不等于资产负债表中未分配利润的期末数减期初数?

【解答】如果以前的数据没有错,本月的数据也没有算错,那么最有可能是损益类科目中发生了反方向的业务。比如:主营业务收入有借方发生额、财务费用有贷方发生额等。

【咨询】我知道利润表上的"本期金额"填本期的数据,那么"上期金额"

填什么数据？是上年同期数,还是上个月的数?

【解答】对于执行《企业会计准则》的会计来说,真是个问题,不光是你不清楚,大家也都在猜,猜来猜去也猜不明白。因为不同的版本有不同的解释,有的省份国税局干脆自己出一份解释,使得当地企业的利润表有了统一的口径。

这一点就不如《小企业会计准则》了,那里的利润表中,两栏的项目分别是"本年累计金额"和"本月金额",看着就明白。

更多的人认为:"本期金额"是本年累计数,"上期金额"是上年同期累计数。建议你咨询当地的税务机关,看他们是否有统一的规定。

(三) 现金流量表

现金流量表能反映企业三种经济活动产生的现金流入和流出情况。

【咨询】我对现金流量表最头疼了,怎么编制啊? 编错了能看出来吗?

【解答】如果我告诉你一般是看不出来的,你是不是要瞎编啊?

因为现金流量表是基于"收付实现制"原则编制的,而我们的账是基于"权责发生制"原则记录的,两者各自为政。

有人说,根据两大报表编制,其实也不是很准确。我认为,手工编制现金流量表的,出纳平时记的现金日记账和银行存款日记账最好采用多栏式的,按现金流量表里的栏目设置明细科目。

借方栏设置:销售商品、提供劳务收到的现金,收到的税费返还,收回投资收到的现金,取得投资收益收到的现金,处置固定资产,无形资产等收回的现金净额,收回短期投资,吸收投资收到的现金,取得借款收到的现金等。

贷方栏设置:购买商品、接受劳务支付的现金,支付给职工以及为职工支付的现金,支付的各项税费,购建固定资产、无形资产等支付的现金,投资支付的现金,偿还债务支付的现金,分配股利、利润或偿还利息等。

这样再编制报表就有准确数据了,唯一的缺点就是工作量太大。

当然了,现在有了财务软件,编制现金流量表已经不是难事。

【咨询】我工作一年了,没有人向我要现金流量表,我可以不报吗?

【解答】可以,会计就是为企业服务的,管理者不需要,外界也不需要,就可以不报。

【咨询】月度终了什么时候上报财务报表?

【解答】要看你给谁报,税务机关是 15 日之前报税的时候申报;如果给老板,他什么时候要,你什么时候报,最好是每个月结账后就编出来预备着,尤其是年末的报表,要的部门很多,什么时间的都有。

【咨询】我们是商业,应该填什么样的财务报表?

【解答】财务报表不分企业的性质,只看企业的大小。执行《企业会计准则》的大中型企业编制"企业财务报表",执行《小企业会计准则》的小企业编制"小企业财务报表"。

今晚做饭,我家的电磁炉突然罢工了,经确认是坏了。

我嘟囔着:"都五年了,已经超期服役了。"

女儿问:"电磁炉的寿命是几年啊?"

我三句话不离本行,说:"按税法的规定,最低折旧年限是 3 年。"

女儿又问:"最高折旧年限呢?"

我说:"会计只记最低年限。"

女儿说:"使用的年限超过 3 年,我们就赚了?"

我说:"对于企业来讲是那样。没有折旧费,产品成本自然就降低了。"

女儿高兴了:"我们家的伙食费这两年一直在低成本中运行啊!"

她爸看着女儿:"跟你妈学会计都学得中毒了。"

我的故事

我刚到工作不久,有一天下午,我们的主管领导到财务科问利润的完成情况。他跟科长聊完后回头看见我了,可能因为我是新来的,随便问了一句:"会做财务报表吗?"

在学校学的那点东西一毕业就留给老师了,工作快 1 个月了我也没接触到报表,现在问到我……我赶紧应付:"没做过。"

"知道净利润是怎么来的吗?"

我当时有点懵,脑海里闪出会计恒等式,答道:"收入减去费用吧?"

这个回答显然是底气不足,干吗要用疑问句呢?

领导没说什么,乐了一下就出去了。

一下午,我的眼前一直晃动着领导那张捉摸不透的脸。他乐什么呢?

我下班回到家里,急忙从柜子里找出《财务会计》,看利润表的组成:收入-成本-费用-所得税=净利润。多么没有技术含量的问题啊,难怪他乐,我都要哭了。

从那以后,我开始有计划、有组织、有预谋地研究我经手以外的账务。

在大中型企业,当会计都有这样的困惑:会计部门人手多,每人负责几本账,做了三年两载的还是不懂全套账务。而那些小企业的会计,只有一个人,里里外外一把手,经过一两年的锻炼,倒比大中型企业的会计掌握得全面。

我听老会计说过这样的话,一个好会计,能当企业半个家。通过留心观察,我发现这话很正确。一个企业所有的资金都由会计掌握着,会计记账容易,能看懂账的不多,懂得资金运作的更少了。做会计,就要做塔尖上的灯,点亮自己,照亮前程。

我真感谢那次领导的视察,他让我发现了自己的软肋,为我日后有意识地学习直至考中级、考高级,起了激励作用。

记住:有激励,才有动力。

第四章

税务上的迷惑

当会计的都知道账务和税务不分家,都想为企业节税。可是一些刚参加工作的会计对税务觉得很迷惑:企业都涉及哪些税金?税务机关怎么查税?什么支出允许税前抵扣?哪些要做纳税调整?

第一节 常用税金

我国目前有二十几种税金,企业的流转税有四种:增值税、营业税、消费税、关税,其他的都是小税种,企业一般涉及十种左右。

一、各种税金的计算

会计要对本企业需要缴纳的税种要了如指掌,不能多缴税,也不能少缴税,更要避免偷税嫌疑。

(一)增值税

增值税是对销售货物或者提供加工、修理修配劳务以及进口货物的单位和个人就其实现的增值额征收的一个税种。

【咨询】我有个表姐,说她们企业的税率是 6%,怎么回事?我学习的时候,没有这个税率啊。

【解答】原来一般纳税人增值税的税率只有三档:一般纳税人是 17%、

13%、零税率。随着营改增,税率多了起来。我给你归纳一下,见表 4-1。

表 4-1

营改增税率表

应税项目	税率
提供有形动产租赁服务	17%
提供交通运输业服务	11%
提供现代服务业服务	6%

此外,小规模纳税人的征收率是 3%。

【咨询】我应聘到小规模纳税人企业当会计,都要缴纳什么税? 税率是多少?

【解答】你都知道是小规模纳税人了,那一定得缴纳增值税喽,因为只有缴纳增值税的企业才有身份。

小规模纳税人不分进项税和销项税,缴纳的增值税征收率是 3%。附加税都一样:城市维护建设税 7%、教育费附加 3%、地方性教育费附加 2%。

【咨询】我刚参加工作,小规模纳税人的增值税是怎么计算的?

【解答】增值税是价外税,销售额是含税的,计算的时候要分开核算。

小规模纳税人应纳税额=不含税的销售额×征收率

不含税的销售额=含税销售额÷(1+征收率)

目前的征收率是 3%。

例如:销售一批商品,取得转账支票 8 000 元,开出的也是 8 000 元的发票。这 8 000 元中有 3% 的增值税。

$$主营业务收入 = 8\,000 \div 1.03 = 7\,766.99(元)$$

$$增值税额 = 7\,766.99 \times 0.03 = 233.01(元)$$

做分录:

借:银行存款　　　　　　　　　　　　　　8 000.00

　　贷:主营业务收入　　　　　　　　　　7 766.99

　　　　应交税费——应交增值税　　　　　233.01

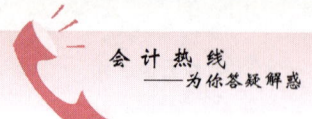

算出增值税后,到了月末还要根据增值税算出附加税,即城市维护建设税和教育费附加。

【咨询】一般纳税人增值税的计提比较麻烦吧?

【解答】与小规模纳税人比有点麻烦。

$$一般纳税人应交增值税 = 销项税额 - 进项税额$$

开增值税专用发票的时候,开票系统自动计算出增值税金,这是销项税额;收到的增值税专用发票中的税额叫进项税额,认证后就可以在销项税额里抵扣。下月初,企业只要把两者的贷方差额缴纳上去就可以了,这个差额在税务机关的纳税系统中自动生成。

例如:本月开出去的发票税额是 23 683.76 元,认证的进项税额是 16 307.51元。

这些金额在平时做记账凭证后记账,到了月末看“应交税费——应交增值税”明细账,会出现贷方余额:23 683.76-16 307.51=7 376.25(元),这就是下个月初要缴纳的增值税额。

【咨询】我最近要应聘到一般纳税人企业当会计,账务处理我有把握,但是我没有接触过防伪系统,心里没底啊,现在是月初,听说要报税,怎样报啊?

【解答】新办的企业,或者由小规模纳税人转为一般纳税人的企业,销售防伪系统的公司会免费教会计怎么操作,要培训两天呢,还配备一本书。在这里我只能简要地介绍一下抄税过程。

抄税,是报税的前提,就是把开具增值税专用发票的信息抄写到税控 IC 卡上,不管是否开票了,都要在纳税期抄写。

(1)把税控 IC 卡插入读卡器中,有的读卡器安装在主机上,有的是独立的。IC 卡如同银行卡,每个一般纳税人都有,这是企业的身份证,见图 4-1。

(2)这时候桌面上出现对话框,见图 4-2。

(3)点击“进入系统”后,点击“报税处理”按钮,见图 4-3。

图 4-1　税控 IC 卡

图 4-2　防伪税控开票子系统

（4）在出现的对话框中选择"本期资料"，见图 4-4。

（5）单击"确定"，抄税完毕，见图 4-5。

图 4-3　点击"报税处理"按钮。

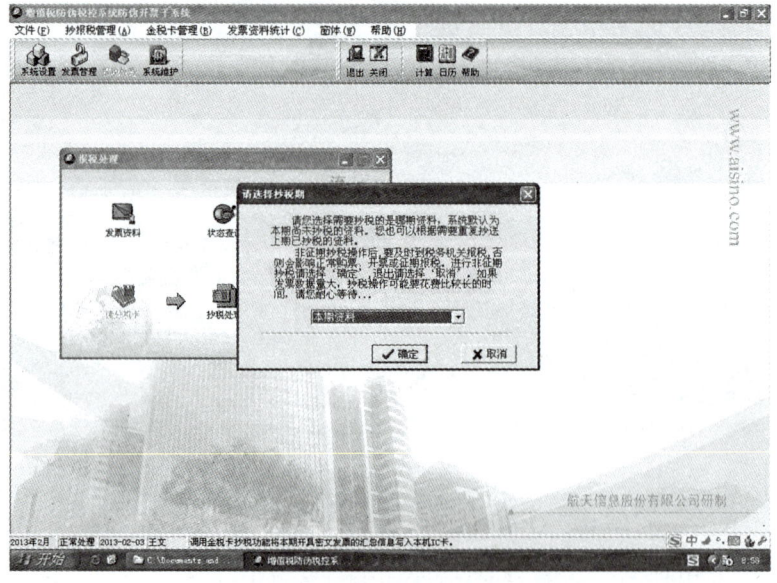

图 4-4　在对话框中选择"本期资料"

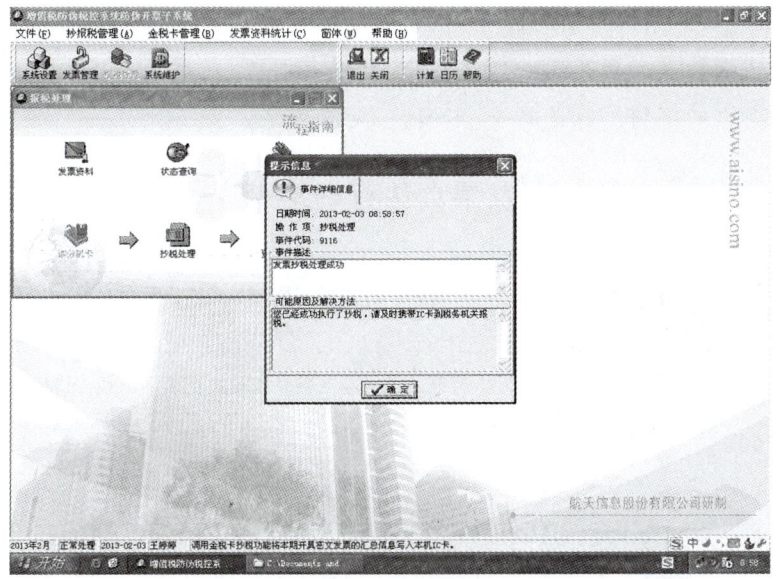

图 4-5 抄税完毕

（6）点击导航图里的"发票资料"，打印相关报表，见图 4-6。

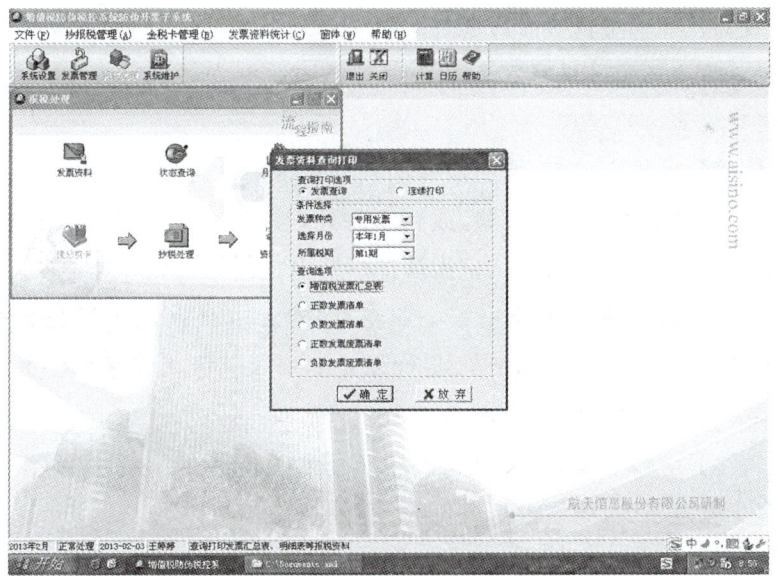

图 4-6 打印报表

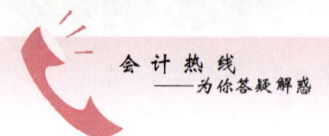

之后还要报税,现在更多的企业都是网上报税了,我不多说了。

【咨询】我今天开了一张发票,客户说有问题,我试了一下,出现这个对话框,怎么回事啊? 我是新手,不懂啊,见图4-7。

发票真伪查询结果

发票代码	110011001111
发票名称	通用机打发票(税控卷式销售专用)
发票号码	61616161
发票状态	此发票存在,但开票方信息与系统记录不一致,请核对
登记号是否正确	不正确
录入的税务登记代码	09009010900901031x
销货单位税务登记代码	09009010900901031X
销货单位名称	同发市方欣区科技电脑商店
主管税务机关	方欣区国家税务局

图 4-7 发票真伪查询结果

【解答】税务代码大小写输错了。

【咨询】进项增值税专用发票是不是认证多少记多少账,没认证的就放在一边以后认证了再进账? 如果全部都是一收到发票就记账,那没有认证过的进项税如何处理?

【解答】按规定,进项增值税专用发票认证后才可以做抵扣。所以很多会计对没有做认证的进项税票,放到下月处理。如果你已经记账了,没有认证的最好放在单独的科目里,记得认证后转出。

【咨询】我企业向另外一家企业搭电(对方有供电局的增值税专用发票),我厂支付给搭电费时,可以要对方开具增值税专用发票吗? 并支付多少税率妥当? 我企业没电费发票不妥。

【解答】应该要发票的,支付的税负是对方实际的纳税税率,不是你想支付多少就是多少,纳税没有讲价的。

【咨询】营改增包括哪些应税服务?

【解答】包括陆路运输服务、水路运输服务、航空运输服务、管道运输服务、研发和技术服务、信息技术服务、文化创意服务、物流辅助服务、有形动产租赁服务、鉴证咨询服务。

【咨询】 营改增试点的纳税人的增值税税率是多少？

【解答】 试点纳税人的增值税税率为：

1. 提供有形动产租赁服务，税率为 17％。

2. 提供交通运输业服务，税率为 11％。

3. 提供现代服务业服务（有形动产租赁服务除外），税率为 6％。

4. 财政部和国家税务总局规定的应税服务，税率为 0。

5. 小规模纳税人提供应税服务，增值税征收率为 3％。

（二）营业税

营业税是对提供应税劳务、转让无形资产或销售不动产的单位和个人征收的税种。

$$应纳税额 = 营业额 \times 税率$$

【咨询】 我刚来到新成立的娱乐业公司当会计，营业税按多少缴纳？

【解答】 娱乐业的税率有个范围：5％～20％，具体要按当地的税务机关确定的税率执行。建议你咨询税管员，他会告诉你的企业适合哪档税率。

【咨询】 缴纳营业税的企业，哪些可以用差额纳税？

【解答】 税法规定：

1. 纳税人将承揽的运输业务分给其他单位或者个人的，以其取得的全部价款和价外费用扣除其支付给其他单位或者个人的运输费用后的余额为营业额。

2. 纳税人从事旅游业务的，以其取得的全部价款和价外费用扣除替旅游者支付给其他单位或者个人的住宿费、餐费、交通费、旅游景点门票和支付给其他接团旅游企业的旅游费后的余额为营业额。

3. 纳税人将建筑工程分包给其他单位的，以其取得的全部价款和价外费用扣除其支付给其他单位的分包款后的余额为营业额。

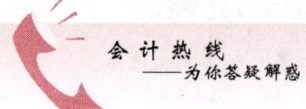
4. 外汇、有价证券、期货等金融商品买卖业务,以卖出价减去买入价后的余额为营业额。

这是以前的规定,参与"营改增"的企业,参见后面的专项解答。

【咨询】同样一家企业,缴纳营业税和缴纳增值税有什么不同?

【解答】因为营业税是价内税,增值税是价外税,两者的计算方法不同,得出的税额就不同。

例如:一家运输企业,本月应纳税营业额是 50 000 元。原来缴纳营业税的时候,税率是 3%,现在改为缴纳增值税了,如果是小规模纳税人,税率还是 3%,对比一下应缴税额。

$$应交营业税 = 50\,000 \times 3\% = 1\,500(元)$$

$$应交增值税 = 50\,000 \div (1 + 3\%) \times 3\% = 1\,456.31(元)$$

你看,缴纳增值税更节税。

【咨询】以后还会有营业税吗?

【解答】到 2015 年,营业税将消失。

(三) 消费税

消费税是对生产、委托加工、零售和进口消费品的单位和个人征收的税种。

【咨询】我以前在商店当过会计,生宝宝后一直在家,最近想出去找工作,有人介绍了一家生产化妆品的企业,据说缴纳消费税,我搞不懂,能给我简单介绍一下吗?

【解答】消费税的计税方法与增值税、营业税都不同,主要有三种,见表 4-2。

1. 从价定率的:应纳税额＝销售额×比例税率

2. 从量定额的:应纳税额＝销售数量×定额税率

3. 混合计税的:应纳税额＝销售额×比例税率＋销售数量×定额税率

表 4-2

消费税税目税率表

税　　　目	税　　率
一、烟	
1. 卷烟	
（1）甲类卷烟	45%加 0.003 元/支
（2）乙类卷烟	30%加 0.003 元/支
2. 雪茄烟	25%
3. 烟丝	30%
二、酒及酒精	
1. 白酒	20%加 0.5 元/500 克(或者 500 毫升)
2. 黄酒	240 元/吨
3. 啤酒	
（1）甲类啤酒	250 元/吨
（2）乙类啤酒	220 元/吨
4. 其他酒	10%
5. 酒精	5%
三、化妆品	30%
四、贵重首饰及珠宝玉石	
1. 金银首饰、铂金首饰和钻石及钻石饰品	5%
2. 其他贵重首饰和珠宝玉石	10%
五、鞭炮、焰火	15%
六、成品油	
1. 汽油	
（1）含铅汽油	0.28 元/升
（2）无铅汽油	0.20 元/升
2. 柴油	0.10 元/升
3. 航空煤油	0.10 元/升
4. 石脑油	0.20 元/升
5. 溶剂油	0.20 元/升
6. 润滑油	0.20 元/升
7. 燃料油	0.10 元/升
七、汽车轮胎	3%
八、摩托车	
1. 汽缸容量(排气量,下同)在 250 毫升(含 250 毫升)以下的	3%
2. 汽缸容量在 250 毫升以上的	10%
九、小汽车	
1. 乘用车	
（1）汽缸容量(排气量,下同)在 1.0 升 (含 1.0 升)以下的	1%

（续表）

税　　目	税　　率
（2）汽缸容量在 1.0 升以上至 1.5 升（含 1.5 升）的	3%
（3）汽缸容量在 1.5 升以上至 2.0 升（含 2.0 升）的	5%
（4）汽缸容量在 2.0 升以上至 2.5 升（含 2.5 升）的	9%
（5）汽缸容量在 2.5 升以上至 3.0 升（含 3.0 升）的	12%
（6）汽缸容量在 3.0 升以上至 4.0 升（含 4.0 升）的	25%
（7）汽缸容量在 4.0 升以上的	40%
2. 中轻型商用客车	5%
十、高尔夫球及球具	10%
十一、高档手表	20%
十二、游艇	10%
十三、木制一次性筷子	5%
十四、实木地板	5%

【咨询】企业的消费税是按不含增值税的销售额计算的吧? 举个例子呗。

【解答】对,计算的时候要把销售额里的增值税踢出去。

例如:一般纳税人销售实木地板的厂家出售一批地板 63 000 元,开出的发票里地板金额是 53 846.15 元,税额是 9 153.85 元,货款已经收到。实木地板的消费税税率是 5%。

$$应纳消费税额 = 53\,846.15 \times 5\% = 2\,692.31(元)$$

1. 销售分录:

借:银行存款　　　　　　　　　　　　　　　　63 000.00

　贷:主营业务收入　　　　　　　　　　　　　53 846.15

　　　应交税费——应交增值税(销项税额)　　　9 153.85

2. 计提消费税分录:

借:营业税金及附加　　　　　　　　　　　　　2 692.31

　贷:应交税费——应交消费税　　　　　　　　2 692.31

别忘了到月末根据两个税种的应缴税额计算附加税费。

（四）关税

关税是指进出口商品在经过一国关境时,由政府设置的海关向进出口国所征收的税收。

有进出口业务的企业缴纳关税,这个税要交给海关,税务官不管。计算起来很复杂,这里就不多说了。

（五）附加税费

缴纳增值税、营业税、消费税的企业和个人都要计算缴纳附加税费,即城市维护建设税、教育费附加、地方教育费附加。

【咨询】附加税费的税率分别是多少?

【解答】城市维护建设税:区域不同,税率也不同,市区 7%,县、镇 5%,其他 1%。

教育费附加:3%。

地方教育费附加:2%。

【咨询】附加税费是怎么计算的?

【解答】附加税的计算公式:

$$城市维护建设税 = （增值税 + 消费税 + 营业税）\times 税率$$

$$教育费附加 = （增值税 + 消费税 + 营业税）\times 3\%$$

$$地方教育附加 = （增值税 + 消费税 + 营业税）\times 2\%$$

例如:本月应缴纳增值税 5 600 元。

1. 计算税费:

$$城市维护建设税 = 5\,600 \times 7\% = 392（元）$$

$$教育费附加 = 5\,600 \times 3\% = 168（元）$$

$$地方教育费附加 = 5\,600 \times 2\% = 112（元）$$

2. 做分录:

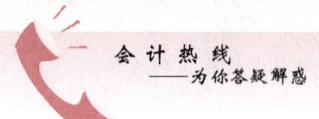

借：营业税金及附加　　　　　　　　　　　　672

　　贷：应交税费——应交城市维护建设税　　　392

　　　　　　　——应交教育费附加　　　　　168

　　　　　　　——应交地方教育费附加　　　112

　3. 下月申报缴纳所有的税金后：

借：应交税费——应交增值税(已交税金)　　5 600

　　　　　　　——应交城市维护建设税　　　392

　　　　　　　——应交教育费附加　　　　　168

　　　　　　　——应交地方教育费附加　　　112

　　贷：银行存款　　　　　　　　　　　　6 272

　　实际工作中,这4笔税金是4笔金额,转税款的时候银行对账单上也是4笔,做记账凭证的时候最好逐笔写,这样与银行对账的时候会很醒目。

（六）房产税

　　房产税是以房屋为征税对象,按房屋的计税余值或租金收入为计税依据,向产权所有人征收的一种财产税。

$$应纳税额＝应税房产原值×(1－扣除比例)×1.2\%$$

　　【咨询】假如购买一处房产花80万元,自己经营使用,房产税一年要交$800\,000×(1－30\%)×1.2\%＝6\,720(元)$吗? 是不是要同时缴纳城镇土地使用税呀?

　　【解答】你说得没错。

　　国家规定：房产税依照房产原值一次减除10%～30%后的余值计算缴纳。因此,你的那个30%要按照当地税务机关的规定比例计算。

　　土地使用税是按实际占用的土地面积收取的,只在县城以上征收,征税价格城市中心地段最贵,近郊便宜,每平方米几元到几十元不等。

（七）车船税

　　车船税是指对依法办理登记的车辆、船舶按年征收的税种。

【咨询】车船税什么时候缴纳？

【解答】在缴纳交强险的时候同时缴纳。

【咨询】车船税按什么交？

【解答】车的排气量不同,税金也不同。具体见表4-3。

表4-3

车船税税目税额表

税　目		计税单位	年基准税额	备　注
乘用车〔按发动机汽缸容量（排气量）分档〕	1.0升（含）以下的	每辆	60元至360元	核定载客人数9人（含）以下
	1.0升以上至1.6升（含）的		300元至540元	
	1.6升以上至2.0升（含）的		360元至660元	
	2.0升以上至2.5升（含）的		660元至1200元	
	2.5升以上至3.0升（含）的		1200元至2400元	
	3.0升以上至4.0升（含）的		2400元至3600元	
	4.0升以上的		3600元至5400元	
商用车	客　车	每辆	480元至1440元	核定载客人数9人以上,包括电车
	货　车	整备质量每吨	16元至120元	包括半挂牵引车、三轮汽车和低速载货汽车等
挂车		整备质量每吨	按照货车税额的50%计算	
其他车辆	专用作业车	整备质量每吨	16元至120元	不包括拖拉机
	轮式专用机械车	整备质量每吨	16元至120元	
摩托车		每辆	36元至180元	
船舶	机动船舶	净吨位每吨	3元至6元	拖船、非机动驳船分别按照机动船舶税额的50%计算
	游艇	艇身长度每米	600元至2000元	

（八）印花税

印花税是以经济活动中签立的各种合同、产权转移书据、营业账簿、权利许可证照等应税凭证文件为征税对象的。

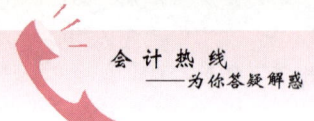
【咨询】每个企业都要缴纳印花税吗?

【解答】是的。只要有账簿,就要缴纳。

【咨询】印花税税率有多少种?

【解答】印花税有比例税率、定额税率,税目多达12项。

看一下税目你就知道了,见表4-4。

表4-4

印花税税率表

税　目	比例税率	税　目	比例税率
财产租赁合同	1‰	货物运输合同	0.5‰
仓储保管合同	1‰	产权转移书据	0.5‰
加工承揽合同	0.5‰	营业账簿中记载资金的账簿	0.5‰
建设工程勘察设计合同	0.5‰	购销合同	0.3‰
建筑安装工程承包合同	0.3‰	财产保险合同	1‰
技术合同	0.3‰	营业账簿中的其他账簿	5元
借款合同	0.05‰	权利许可证照	5元

从中可以看出:最低的是借款合同,税率是借款合同0.05‰,最高的是财产租赁合同,也不过是1‰。

【咨询】昨天税务局的人来查账,要我们补交上年的印花税,还要缴纳滞纳金,还要罚款。虽然金额都不大。我是去年年末接任的会计,也不知道还欠印花税啊。还好,老板没说什么,可是老板娘责怪我,我很委屈,我知道我能不交吗?

【解答】这里有前任会计的责任,也有你的疏忽。容易漏缴的还有房产税,在此也提醒你一下,查看企业有无应交未交的房产税。

二、税金应用的难题

很多会计对处理账务很精通,但是对税务却琢磨不透,原因之一就是税务上的政策、文件、通知、解释总是源源不断地发下来。

【咨询】办完税务登记证后要干什么?

【解答】首要的是建账,然后到下月初就要申报纳税了。

【咨询】企业刚开业,本月没有收入,怎么报税?

【解答】不知道税务机关是怎么给你核定的税金,如果是查账征收的,没有收入要做"零申报",也就是在纳税申报表上收入、税金栏都填零,再把有关内容填上,最后盖上公章送到税务大厅就行了。如果是核定征收的,每个月不管是否有收入都要交税,除非是停业。

【咨询】各行各业都缴纳什么税金?

【解答】你准备到各行各业当会计吗? 你的胃口真大。

我还是反过来告诉你吧。

企业的主要税金就是三个流转税——增值税、消费税、营业税。

1. 缴纳增值税的有:销售货物或者提供加工、修理修配劳务以及进口货物的单位和个人。

一般纳税人缴纳 17%,与国计民生有关系的缴纳 13%。

缴纳低税率的行业:

(1) 粮食、食用植物油。

(2) 自来水、暖气、冷气、热水、煤气、石油液化气、天然气、沼气、居民用煤炭制品。

(3) 图书、报纸、杂志。

(4) 饲料、化肥、农药、农机、农膜。

小规模纳税人缴纳 3%。

2. 缴纳营业税的有:提供应税劳务、转让无形资产或销售不动产的单位和个人。

涉税的行业及税率:

(1) 交通运输业:3%。

(2) 建筑业:3%。

(3) 金融保险业:5%。

(4) 邮电通信业:3%。

(5) 文化体育业:3%。

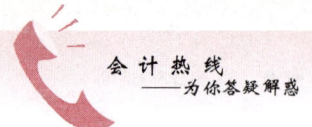
（6）娱乐业：5%～20%。

（7）服务业：5%。

（8）转让无形资产：5%。

（9）销售不动产：5%。

3. 缴纳消费税的有：烟、酒及酒精、鞭炮、焰火、化妆品、成品油、贵重首饰及珠宝玉石、高尔夫球及球具、高档手表、游艇、木制一次性筷子、实木地板、汽车轮胎、摩托车、小汽车等生产、委托加工和进口消费品的单位和个人。

有时候一个企业可能涉及上述三种税金。

凡是缴纳流转税的，都要缴纳城市维护建设税和教育费附加。

此外，特殊行业还要缴纳特殊税金，比如有房地产的企业要缴纳房产税和土地使用税；租用房屋的企业有代扣代缴房产税和土地使用税的义务；房地产企业要缴纳土地增值税；外贸企业要缴纳关税；娱乐业、广告业缴纳文化事业建设费；有车的要缴纳车船税；通用的税金，也就是说每个行业都可能涉及的税金就是印花税。

还有就是企业所得税了，企业有纳税所得就要缴纳企业所得税，个人独资企业、合伙企业除外。

【咨询】三个流转税有什么区别？

【解答】我给你对比一下啊。

1. 增值税是多环节征税，商品流转一次征收一次。在增值税专用发票上的税款是单独列出来的。

2. 营业税主要针对劳务征税，外加转让无形资产和销售不动产。而加工劳务和修理修配劳务属于增值税的应税劳务。

3. 消费税只在一个环节征收，生产企业就在生产环节纳税，自产自用的，在移送环节纳税，只有金银首饰，是在零售环节纳税。

【咨询】一般纳税人，如果进项税大于销项税已经连续好几个月了，这可怎么办？

【解答】为什么只进不出啊？是销售不好，还是没有销售，或者销售不开票?

如果是开业不久的企业,这样的情况还说得过去。如果情况是真实的,也不用着急,就怕是假的。你问我怎么办? 我只能告诉你做一些无票收入。

【咨询】我有两个朋友合伙开了个装饰公司,注册资金 30 万元,员工 2 人,平时也没有做账,现在要我帮忙去报税,我知道的不多,都报什么税啊?

【解答】应该缴纳营业税,还有城市维护建设税、教育费附加、地方教育费附加。此外,用自己的房子经营的还要缴纳房产税和城镇土地使用税;有车的还有车船税;盈利了还要预交企业所得税。这些税管员都应该跟企业交代的,这是他们的业务,建议你有问题勤跟他们沟通。

【咨询】我刚接手一家房产代理公司的账,发现成立至今一次税金也没交,我提醒老板,他说也没买发票,不用交。但我发现有印花税、工会经费、残疾人保障金,昨天税金机关的人打电话说要来看账,我跟老板反映了这事,要补交税金吗?

【解答】企业不买发票,税务机关不容易掌握企业的收入情况,老板可能知道这一点,所以一直拖着不想买发票。

你跟老板反映这种情况是对的,税管员迟早都要来的,让老板有个心理准备,如果查出来有收入,可能会补交营业税,还可能会罚款。

【咨询】会计书里应付职工薪酬中的代扣代垫是什么意思?

【解答】因为员工是个体,税务机关不接受零星税务,所以国家要求企业为员工统一代理一切税务上事情。比如替员工缴纳社会保险,替员工缴纳个人所得税。企业统一从员工的工资里扣除,统一上交给相关部门。有先扣款后交费的,也有先垫付后扣款的。

【咨询】企业刚成立,没有建账,税务机关说要对我们进行核定征收,为什么?

【解答】这是规定,能正常建账、正常申报纳税的,实行查账征收,对于账簿资料不全、核算不规范或没有能力建账的,实行核定征收。

【咨询】我们是核定征收的,还用计提税金吗?

【解答】不用计提,每个月可以按实际交的税金直接入账。

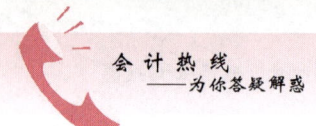
【咨询】我们是汽车修理厂,是核定征收的,没人查账吧?

【解答】如果不欠税,税务机关很少过问,基本没什么问题,但也不是没人管。

【咨询】我刚应聘到一家代理记账公司做会计外勤,听说税务局的人不喜欢干我们这行的。有同事跟我说,如果专管员问起你,你就说是兼职会计。有那么严重吗?

【解答】不会吧,税管员不会对某一行业有成见,即使有,也是个例。

现在会计代理公司越来越多,都是依法成立的,税务机关也了解这种情况,你没有必要跟他们撒谎。因为客户中有不同的企业,你可能要接触不同的税管员,他只认税金,才不管你是什么类型的会计呢。但前提是你的工作要做到位,也就是说不让税管员操心,到纳税时间就去纳税,查账的时候账目清楚,没有偷税迹象,相关报表要及时准确,这样的会计税管员怎么会不喜欢。

【咨询】我是小规模纳税人,都什么时间纳税啊?

【解答】不管是什么"人",纳税时间都一样。

月度申报的税种都是在 15 日之前,比如增值税、城市维护建设税、教育费附加,季度申报的有所得税,其他的有半年申报的,有一年申报的,比如房产税、城镇土地使用税、印花税。到了年末,所得税要汇算清缴,一般是在次年的 5 月份之前申报缴纳。

【咨询】我们是汽修厂,小规模纳税人,税管员告诉我月销售额不能超过 35 000 元,这点我不是很理解。

【解答】因为税法有规定:年销售额超过 50 万元就要申请为一般纳税人了。因为汽修厂的毛利高,小规模纳税人税负比一般纳税人的税负低,所以要"控制"销售额,否则"达标"后就要按一般纳税人 17% 的税率交税了,税管员也是为企业好吧。

【咨询】我想知道增值税的税负是怎么算的?怎样能达到税务机关的税负标准?

【解答】增值税的税负率=实际缴纳的增值税÷应税销售收入

税务机关每年根据当地的不同行业缴税情况,算出一个参照比率,批发行业会低一些,化妆行业会高一些,都不一样。

【咨询】我们是一家小规模纳税人,去年接了一张单,大约几百万元,今年年初提货。平时做账时我一般把"生产成本"直接转入"主营业务成本"科目,不转入库存。年初我去税局代开增值税专用发票,税管员说要在账面上反映我有库存,回去后我把账重做了一遍,把"生产成本"直接转入库存。但昨天税管员说我用"库存商品"这个科目有错,现在我晕了,那不转入"库存商品"应该转入哪个科目啊?

【解答】你是生产企业吧?没有"原材料"科目吗?税管员说你用"库存商品"这个科目有错,指的是你先提的货应该先入"原材料"科目,耗用时结转到"生产成本"科目,生产出产品后入"库存商品",销售后从"库存商品"结转到"主营业务成本"科目。这样,税管员根据你的库存量可以推算出你的税金是否正确。你现在把"库存"无形中架空了,他无据可查了,你晕,他也晕啊。

不过有一点我要提醒你,你是小规模纳税人,一笔那么大金额的销售单,小心税务机关按17%收你的增值税啊。

【咨询】运输发票上的金额都可以抵扣7%吗?怎么处理账务?

【解答】运输发票的运费和建设基金,可以按7%计算出税金计入进项税额,其他的不可抵扣。

例如:一般纳税人购买原材料30 000元,其中材料金额25 641.03元,税额4 358.97元。运输费用是1 000元。货到后支付全款。

运费发票的金额通过认证,允许抵扣7%,就是70元,余下的93%即930元(1 000−70)计入材料成本。

$$材料成本 = 25\,641.03 + 930 = 26\,571.03(元)$$

$$进项税额 = 4\,358.97 + 70 = 4\,428.97(元)$$

做分录:

借:原材料　　　　　　　　　　　　　　　　26 571.03

　　应交税费——应交增值税(进项税额)　　 4 428.97

　　贷:银行存款　　　　　　　　　　　　　 31 000.00

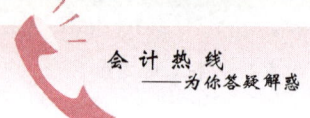

如果你觉得没把握,最好拿到税务机关认证后,回头再根据认证的数据做记账凭证。

【咨询】我们经理给了我好多车费票据需要报销,一个单位车费报销的比例是多少啊?我怕税务查出来超标,责任就大了。

【解答】车费没有标准,只要不多得离谱,税务机关不会审查。

【咨询】在同一个城市开蛋糕店,由总机构负责生产和销售,其他分支机构负责销售,税金可以由总公司统一缴纳吗?我们还想在周边的县城开店。

【解答】同在一地的,可以由总公司统一缴纳。不在一地的,分别缴纳。

【咨询】我开了一家公司,也没有记账,怎么缴纳个人所得税?

【解答】如果你开的是有限责任公司,企业是不缴纳个人所得税的,只缴纳企业所得税。如果你的薪酬收入超过了个税的免征额才会缴纳。

缴纳个税的企业是:个体工商户、个人独资企业、合伙企业需要根据经营所得缴纳个人所得税。

【咨询】我是小规模纳税人,没有进货发票,用清单可以入账吗?

【解答】如果你是定额征收的,可以;如果你是查账征收的,不可以用清单入账,除非日后补发票。

【咨询】我公司用一般纳税人的账户进货,而销售的时候却用小规模纳税人开普通销售发票,请问这样的账怎么做啊?

【解答】一家企业只能有一个纳税身份,怎么进货是"一般纳税人",销货就是"小规模纳税人"呢?是两个营业执照吧?那就要按营业执照各设一套账,分开核算啊。

话说回来,你用小规模开发票,是因为你们的商品进销差价很大吗?一般纳税人只进不出,留底的进项税会越来越大,而库存商品实际数量与账面的数量一定不符,会引发税务机关好奇心的,把他们引来了可就不好玩了。

还有,小规模纳税人的账上,只进不出,那库存商品的账岂不出现负数了?自己看着都不顺眼,又怎能逃过税务机关的法眼?

你看我的问号都比你多了,跟老板说下,建议两边的账要平衡才好,就是适当地调整好库存商品的进销数量。

【咨询】本月销项 3 000 元,进项 2 000 元,待认证的进项税 1 000 元,本月应交增值税是多少啊?

【解答】没有认证的不允许抵扣,应缴纳的增值税＝销项税－进项税,金额自己算吧。

【咨询】只要收到增值税专用发票抵扣联就要在当月认证吗?

【解答】认证期限是 180 天,你可以根据情况认证。可以当月认证,如果你觉得本月的进项税额大于销项税额了,也可以下月认证。

【咨询】招待费怎么样才能不超标?

【解答】你想控制花销是吧,我告诉一个招待费的临界点吧。

计算步骤:首先用营业额乘以 5‰ 计算出来允许扣除的金额,再用这个金额除以 60％,就是业务招待费的临界点。

比如:本年的营业额大约 500 万元,支出多少正好能在税前扣除呢?

先计算允许税前扣除的标准:500×5‰＝2.5(万元)

再推出能报销的金额:2.5÷60％＝4.16(万元)

现在你可以知道了,每年支出 4.16 万元的招待费,按 60％ 计算,也不会超过按营业额的 5‰ 计算的标准。你可以主动地把这个"限额"告诉老板,以后他再消费的时候心里就有数了。他会觉得你这个会计很称职,把他的伙食费都算计好了。他高兴了,对你只有好处没有坏处。

作为会计,从税收筹划的角度看,业务招待费即使不超标,企业也要负担 40％。你要清楚:不是吃饭就是业务招待费,有些饭可以计到别处的。比如节假日款待员工的就餐,应该算作福利费,而不是业务招待费,这部分就可以 100％ 的报销。

【咨询】企业开了发票的收入款,可不可以打入老板私人账户? 一定要走公司的账户吗?

【解答】严格讲是应该进入公司账户。

如果入了个人账户,相当于这笔钱没有收到,还是在"应收账款"上挂着,可是对方实际上已经付款。你挂老板的账吧,到了年末前老板不还款会

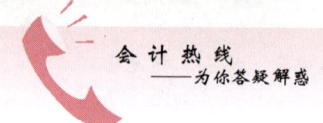

视同分红,要计算个税,所以你跟老板商量一下入哪个账户划算。

【咨询】如果把收入款打入了老板账户,这样做分录可行不:

借:库存现金

贷:主营业务收入

把现金存到银行:

借:银行存款

贷:库存现金

同时转走:

借:其他应收款

贷:银行存款

【解答】这样做也可以,前提是没人查账。因为会计做凭证依据的是原始凭证,你借记"银行存款"科目的时候没有存款单,贷记科目"银行存款"的时候没有支票存根。还有,因为钱是空来空走的,所以银行对账单上没有这笔钱的踪迹,总感觉不踏实。

还有,最终还是挂了"其他应收款"科目。

【咨询】今天去报税,办税大厅的人说我有普通发票的销项税没有申报。我们是免税的,在表一那里,我是填在第三部分"免征增值税货物及劳务销售明细"。他说我IC卡有普通发票的销项税,就要申报。我见以前的会计也是这样填,都是一样的,我不明白要在哪里申报普通发票的销项税额。

【解答】你把情况跟办税的人说明,然后问他这种情况应该填在哪里,或者问问税管员,他们有指导企业纳税的责任。

通过这件事我顺便说点关联的话题。

我发现有些会计遇到税收上的事情不敢找税管员,以为他们是查税的,找他们是没事儿找事儿。其实不然,税管员的主要工作有两项:一是进行税务管理,二是为纳税人服务。我们要学会利用税管员,让他成为我们的税务辅导员。

【咨询】我公司是去年成立的广告公司,前阵子接了一个装修的活儿,对方要发票,并说发票上内容一定要写"楼层装修",这样可以吗?不可以的话怎么办?

【解答】如果业务不在你们的经营范围,就不可以在发票上开具相关内容。你可以到税务机关代开建筑业发票,这样还不用缴纳文化建设费了,税金也少了。

【咨询】我公司是广告业,月末计提城市维护建设税和教育费附加应记入哪个科目?还有,月末计提了印花税和文化事业建设费,这些税种应记入哪个科目?

【解答】我把分录给你列出来吧:

借:营业税金及附加
　　贷:应交税费——应交城市维护建设税
　　　　　　　　——应交教育费附加
　　　　　　　　——应交文化事业建设费

印花税不用计提,缴纳时直接做分录:

借:管理费用
　　贷:银行存款

《小企业会计准则》规定印花税记入"营业税金及附加"科目,这是两个准则不同的处理方法。

【咨询】我把印花税计入应交税费了,后来知道印花税不用计提,我还用冲账吗?

【解答】不用冲账,只要缴纳就行了。

【咨询】印花税为什么不用计提?

【解答】这是会计准则的规定,其实计提也不算毛病。

【咨询】我们公司买的办公用品,开来的都是收据,又需要做记账凭证,上次税务机关来查账的时候已经罚款,以后我怎么办?

【解答】既然已经被罚款了,说明这样做是不可以的,你可以拒收。同

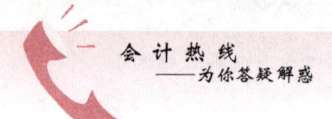

时,你要跟老板说清楚,没有发票就不能作为费用在税前抵扣,相当于自掏腰包,让他去督促办事人员索要发票,加强这方面的管理,以后形成风气就好了。

【咨询】餐饮企业,购入生鲜果蔬没有发票,都是收据及白条,怎样进行账务处理?

【解答】如果你是核定征收的,没什么问题;如果是查账征收的,想办法要发票吧。

我经常听到类似的问题,真让会计头疼。虽然税法有规定,企业实际发生的与经营活动有关的、合理的支出,可以在计算应纳税所得额时扣除,可实际中很难分辨事实,所以只认发票,没别的办法。

有的企业自己去税务机关代开发票,宁可缴纳税金;有的去超市购买,因为有发票。后者比较可取,就是贵点。

【咨询】我是小规模纳税人企业的会计,不会纳税怎么办?

【解答】你说的是纳税过程吗? 我告诉你吧。

如果是手工报税,要填《增值税纳税申报表(适用小规模纳税人)》,然后上公章,报到税务局的纳税大厅,把纳税申报表交给相应的窗口,对方把数据输到电脑里后,直接用银行划款,就完事大吉了。

自己摸索着跑一趟税务局,了解了纳税的程序,下次就轻车熟路了。

【咨询】我是一般纳税人企业的会计,怎样报增值税?

【解答】月末前,拿着本月收到的增值税专用发票抵扣联到税务机关认证,有的可以在网上认证。下月初,在防伪税控系统里抄税,然后去税务大厅报税、纳税,开通了网上报税的直接在网上操作,然后通过银行直接划转税款。

报税不难,难的是计税。

【咨询】我们公司有很多费用都是开的收据,怎么处理比较好? 如果用其他发票来代替,什么类型的发票比较好?

【解答】你说的问题很有代表性,因为商家开了发票就要交税,所以他们都不愿意给你开。如果你非要发票,那么商品的单价就提高了。于是形成了恶性循环——想占便宜就不要发票,没有发票就不能入账,要想入账就要找别的发票代替,找不到发票就会去弄假发票,弄不好就会东窗事发……因此是不能往下推了,再推就离法院不远了。

【咨询】我们公司的餐饮发票报销太多了,这样到了年底是不是要调整出来的啊?

【解答】平时在账上可以正常处理,但是到了年末汇算清缴的时候,要按税法的规定处理,也就是5‰和60%那两道杠。

【咨询】怎么区别混合销售行为和兼营?税务有哪些规定?

【解答】混合销售行为是指一项销售行为如果既涉及货物又涉及非增值税应税劳务。说白了就是做了一项业务,涉及两个税种。比如有的企业销售空调,还负责安装;有的企业销售生产水泥,还负责送货上门。

在税务处理上,要依据主业纳税。

从事货物的生产、批发或者零售的企业、企业性单位和个体工商户的混合销售行为,视为销售货物,应当缴纳增值税,不缴纳营业税;其他单位和个人的混合销售行为,视为提供应税劳务,缴纳营业税,不缴纳增值税。

有一个规定除外:销售自产货物并同时提供建筑业劳务的行为,可以分别核算货物销售额和劳务营业额,前者缴纳增值税,后者缴纳营业税。不分开核算的,由主管税务机关核定。

兼营是指企业同时做两项不同税种的业务。比如企业以销售酒为主,还另外开了一个酒吧。前者涉及增值税,后者涉及营业税。

能分别核算两项业务的,就按各自的业务缴税,否则,由主管税务机关核定货物或者应税劳务的销售额。

【咨询】我们是一般纳税人企业,上年购买商品,有一笔进项税没有认证我就做抵扣了,抵扣联过了认证期,今年税务机关查账,要求补税,还交了滞纳金,怎么做分录啊?

【解答】上年你已经做了进项税额抵扣吧?那么首先要调整出来,然后做缴纳的分录。

1. 调增商品成本:

借：库存商品

　　贷：应交税费——应交增值税(进项税额转出)

2. 补交增值税、缴纳滞纳金：

借：应交税费——应交增值税(已交税金)

　　营业外支出

　　贷：银行存款

这笔滞纳金不许税前抵扣，年末汇算清缴时要调整出来。

【咨询】我们企业业务特殊，每年的年底收入骤增，可大多数是欠款，本月要计提大笔的营业税，还要预缴所得税，我想把所得税拖后几个月，等到汇算清缴的时候再缴纳，是否可行呢？还有什么更好的办法吗？我担心不交税会罚款，偷鸡不成反蚀把米。

【解答】你不用"偷鸡"，也不会"蚀米"。我告诉你，税法有规定：纳税人因有特殊困难，不能按期缴纳税款的，经税务局批准，可以延期缴纳税款，但最长不得超过3个月。

什么叫"特殊困难"呢？

1. 因不可抗力，导致纳税人发生较大损失，正常生产经营活动受到较大影响的。

2. 当期货币资金在扣除应付职工工资、社会保险费后，不足以缴纳税款的。

你的情况符合第2条吧？别担心了，你可以名正言顺地申请延期缴纳税款了。

【咨询】我们的其他应收款账上一直挂着老板娘的欠款，应该如何处理？

【解答】根据税法规定，年终前有股东或者员工借款单，视同分红，缴纳个人所得税。因此要催款销账，否则得不偿失。

【咨询】我现在管理的一家机械加工企业，是一般纳税人。机加工企业的税负大概为多少？只要税负在5%以上就可以了吗？还需要控制其他的方面吗？

【解答】你说的税负不低了，只要不比当地的平均税负水平低得离谱，一般不会引起税务机关的注意。

【咨询】今天老板跟我说，一般纳税人交的税金太多了，想转为小规模纳税人，让我跟税管员说说，看需要什么手续。我问过了，他们说不能转回，不是为了多收税难为我们吧？

【解答】没有，这是税法规定的：除国家税务总局另有规定外，纳税人一经认定为一般纳税人后，不得转为小规模纳税人。

【咨询】收款单自己留底做账的一联是否应该盖上财务专用章？

【解答】你说的是增值税专用发票？除了发票联和抵扣联必须盖章以外，其他联随意。

【咨询】去年亏损，今年盈利了，补亏的账怎么处理？

【解答】不用处理。

例如：上年"本年利润"科目是借方余额 12 000 元，说明亏损，本年的"本年利润"余额是贷方 9 000 元，说明盈利。

结转利润的时候：

借：本年利润　　　　　　　　　　　　　　　9 000
　　贷：利润分配——未分配利润　　　　　　　9 000

记账后，"利润分配——未分配利润"科目的余额就是借方 3 000 元了，自然补亏。按税法的纳税调整后，如果还是亏损，本年就不用缴纳企业所得税税了。如果有应纳税所得税额，就要计提企业所得税。

【咨询】我们是咨询公司，原来在地税局缴纳营业税，现在要到国税局代开增值税专用发票，附加税在哪里缴纳？

【解答】你到国税机关代开发票时，他们会征收增值税，同时代地税局征收城市维护建设税、教育费附加和地方教育费附加。

【咨询】我们是小企业，我想知道增值税的起征点是多少？

【解答】增值税的起征点规定如下：

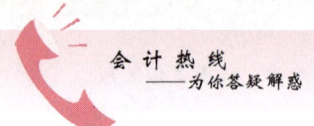
1. 销售货物的,为月销售额 5 000～20 000 元。

2. 销售应税劳务的,为月销售额 5 000～20 000 元。

3. 按次纳税的,为每次(日)销售额 300～500 元。

【咨询】营业税的起征点是多少?

【解答】营业税起征点的幅度规定如下:

1. 按期纳税的,为月营业额 5 000～20 000 元。

2. 按次纳税的,为每次(日)营业额 300～500 元。

今天接到一位女士的电话,问我:"社会养老保险和商业养老保险有什么不同啊?"

我给她解答:"社会养老保险允许在税前抵扣,商业养老保险不许在税前抵扣。"

对方解释道:"我的意思是个人部分。"

我说:"我说的就是啊,企业为个人缴纳的社会养老保险费允许在个人所得税前抵扣,企业为个人缴纳的商业养老保险费不许在企业所得税前抵扣。"

对方想了想,又解释:"我问的是个人,比如我,单位给我缴纳一份养老保险,有人给我推荐商业保险,两者有什么区别? 我买不买呢?"

我这才明白她的用意,告诉她:"前者是公益性质,后者是商业性质。 就像企业给你发了工作服,你想再添一件风衣,为了保暖,你就买呗。"

那家伙很满意地道谢,我庆幸没有被她问倒。

关于穿什么的问题,我和女儿也经常谈论,也许女人更爱美吧。

以前,女儿总爱说,这件上衣不好看,那条裙子不漂亮。 我总是纠正她说:"每件衣服都有自己的特点,只要搭配出风格,就是好衣服。"

后来我发现了,颜色也一样,单看哪一种颜色都很难说是否好看,只有搭配好了才出彩。

当会计也是同样的道理,只有融入了企业,才是好会计。

三、营改增专项解答

从 2013 年 8 月 1 日起,在全国范围内推开"营改增"试点。凡是在中国境内提供交通运输业和部分现代服务业服务的单位和个人,以前缴纳营业税的应税项目改成缴纳增值税。这些服务项目包括陆路运输服务、水路运输服务、航空运输服务、管道运输服务、研发和技术服务、信息技术服务、文化创意服务、物流辅助服务、有形动产租赁服务、鉴证咨询服务、广播影视服务。

【咨询】营改增后,增值税的税率还是 17％吗?

【解答】不是,一般纳税人的税率因为行业不同,又增加了两档,具体如下:

1. 提供有形动产租赁服务,税率为 17％。

2. 提供交通运输业服务,税率为 11％。

3. 提供现代服务业服务(有形动产租赁服务除外),税率为 6％。

4. 财政部和国家税务总局规定的应税服务,税率为 0。

小规模纳税人没变,还是为 3％。这个不叫税率,叫征收率。

【咨询】今天我去咨询营改增的事情,税管员说,要申请一般纳税人,需要会计核算健全,这个标准是什么?

【解答】会计核算健全是一般纳税人的一个标准,要求企业能够按照国家统一的会计制度规定设置账簿,根据合法、有效凭证核算。

【咨询】我们提供的服务,没有收入,是无偿的,需要缴纳增值税吗?

【解答】除非是以公益活动为目的或者以社会公众为对象的服务,否则就要缴纳增值税。

【咨询】我们是运输业,已经做了营改增,最近外包工程盖了一座仓库,对方给我们提供了增值税专用发票,这部分资金可以抵扣吗?

【解答】不可以,因为建造仓库属于非增值税应税项目。类似的还有免征增值税项目、集体福利或者个人消费的购进货物、接受加工修理修配劳务或者应税服务,都不可以抵扣进项税额。

【咨询】我是出租公司的会计,如果申请为一般纳税人,因为没有可抵扣的进项税,是不是很吃亏啊?

【解答】增值税的计税方法有两种:一般计税方法和简易计税方法。你

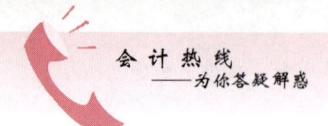

可以按照简易计税方法计算缴纳增值税。

税务总局规定:一般纳税人提供财政部和国家税务总局规定的特定应税服务,可以选择适用简易计税方法计税,但一经选择,36个月内不得变更。

【咨询】我没有做过增值税的会计,企业一直是缴纳营业税的,最近要改交增值税了,计税方法与原来一样吗?

【解答】因为营业税是价内税,增值税是价外税,内外肯定有别啊。

增值税的计算方法如下:

$$应纳税额 = 当期销项税额 - 当期进项税额$$

如果计算结果是正数,就要缴纳增值税了;如果计算结果为负数,说明当期的进项税额大于销项税额,就不用缴纳增值税,进项税额留作下期继续抵扣。

【咨询】我是小规模纳税人,开的发票没有单独体现税额,怎么计税?怎么做分录?

【解答】因为你销售的价款中含税,做记账凭证的时候,要把价税分开核算。

$$销售额 = 含税销售额 \div (1 + 税率)$$

$$销项税额 = 销售额 \times 税率$$

例如:企业的税率是11%,营业收入18 000元,收入款已经转到开户行。

$$主营业务收入 = 18\,000 \div (1 + 11\%) = 16\,216.22(元)$$

$$应交增值税 = 16\,216.22 \times 11\% = 1\,783.78(元)$$

做分录:

借:银行存款   18 000.00

    贷:主营业务收入   16 216.22

        应交税费——应交增值税(进项税额)   1 783.78

这张分录记住了,以后就这么做,当时没有收到收入款的,把"银行存款"科目换成"应收账款"科目。

【咨询】增值税扣税凭证指的是什么？

【解答】增值税扣税凭证是指增值税专用发票、海关进口增值税专用缴款书、农产品收购发票、农产品销售发票、铁路运输费用结算单据和税收缴款凭证。

纳税人凭税收缴款凭证抵扣进项税额的，应当具备书面合同、付款证明和境外单位的对账单或者发票。资料不全的，其进项税额不得从销项税额中抵扣。

【咨询】我所在的企业是一般纳税人，我把收到的增值税专用发票都做了认证，这样都可以在企业的销项税中抵扣吧？

【解答】不是的，下列5种进项税额才准予从销项税额中抵扣：

1. 从销售方或者提供方取得的增值税专用发票上注明的增值税额。

2. 从海关取得的海关进口增值税专用缴款书上注明的增值税额。

3. 购进农产品，除取得增值税专用发票或者海关进口增值税专用缴款书外，按照农产品收购发票或者销售发票上注明的农产品买价和13％的扣除率计算的进项税额。计算公式为：

$$进项税额 = 买价 \times 扣除率$$

其中的买价是指纳税人购进农产品在农产品收购发票或者销售发票上注明的价款和按照规定缴纳的烟叶税。

4. 接受铁路运输服务，按照铁路运输费用结算单据上注明的运输费用金额和7％的扣除率计算的进项税额。进项税额计算公式为：

$$进项税额 = 运输费用金额 \times 扣除率$$

其中的运输费用金额是指铁路运输费用结算单据上注明的运输费用（包括铁路临管线及铁路专线运输费用）、建设基金，不包括装卸费、保险费等其他杂费。

5. 接受境外单位或者个人提供的应税服务，从税务机关或者境内代理人取得的解缴税款的中华人民共和国税收缴款凭证上注明的增值税额。

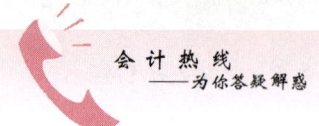

【咨询】哪些进项税额不得从销项税额中抵扣?

【解答】下列 4 项的进项税额不得从销项税额中抵扣:

1. 用于适用简易计税方法计税项目、非增值税应税项目、免征增值税项目、集体福利或者个人消费的购进货物、接受加工修理修配劳务或者应税服务。

其中涉及的固定资产、专利技术、非专利技术、商誉、商标、著作权、有形动产租赁,仅指专用于上述项目的固定资产、专利技术、非专利技术、商誉、商标、著作权、有形动产租赁。

2. 非正常损失的购进货物及相关的加工修理修配劳务和交通运输业服务。

3. 非正常损失的在产品、产成品所耗用的购进货物(不包括固定资产)、加工修理修配劳务或者交通运输业服务。

4. 接受的旅客运输服务。

【咨询】怎么理解非正常损失?

【解答】非正常损失是指因管理不善造成被盗、丢失、霉烂变质的损失,以及被执法部门依法没收或者强令自行销毁的货物。

【咨询】自然灾害造成的损失可以做进项税额抵扣吗?

【解答】可以。

【咨询】哪些事项属于"非增值税应税项目"?

【解答】非增值税应税项目,就是指不缴纳增值税的事项,比如:非增值税应税劳务、转让无形资产(专利技术、非专利技术、商誉、商标、著作权除外)、销售不动产以及不动产在建工程。

其中:不动产,是指不能移动或者移动后会引起性质、形状改变的财产,包括建筑物、构筑物和其他土地附着物。

不动产在建工程,是指纳税人新建、改建、扩建、修缮、装饰不动产,均属于不动产在建工程。

【咨询】哪些事项属于"非增值税应税劳务"?

【解答】非增值税应税劳务,就是指不缴纳增值税的服务,比如:陆路运

输服务、水路运输服务、航空运输服务、管道运输服务、研发和技术服务、信息技术服务、文化创意服务、物流辅助服务、有形动产租赁服务、鉴证咨询服务、广播影视服务。

【咨询】我是广告公司的会计,规模不大,增值税未达到起征点,还需要缴纳文化事业建设费吗?

【解答】不需要。

缴纳文化事业建设费的销售额,为纳税人提供广告服务取得的全部含税价款和价外费用,减除支付给试点地区或非试点地区的其他广告公司或广告发布者的含税广告发布费后的余额。

【咨询】我也是广告公司的会计,每月要申报增值税,还要申报文化事业建设费,有先后顺序吗?

【解答】有的,要先申报当期《增值税纳税申报表》,完成后才能申报《文化事业建设费申报表》。

【咨询】我们是一般纳税人,有缴纳增值税的劳务,也兼营营业税的劳务,收到的进项税抵扣联划分不清,怎么抵扣啊?

【解答】按照下列公式计算不得抵扣的进项税额:

$$\begin{aligned}\text{不得抵扣} \atop \text{的进项税额} &= \text{当期无法划分的} \atop \text{全部进项税额} \times \left(\text{当期简易计税方法} \atop \text{计税项目销售额} + \text{非增值税应} \atop \text{税劳务营业额}\right.\\ &\left. + \text{免征增值税} \atop \text{项目销售额}\right) \div \left(\text{当期全部} \atop \text{销售额} + \text{当期全} \atop \text{部营业额}\right)\end{aligned}$$

【咨询】营改增企业在一般计税方法下如何计算应纳税额?

【解答】一般计税方法公式:

$$\text{应纳税额} = \text{当期销项税额} - \text{当期进项税额}$$

出现负数的时候为借方余额,当期不用缴纳,留在下期继续抵扣。

一般纳税人使用税控系统,销项税额是根据事先设置好的税率,录入金额后可以直接出数据。计算公式如下:

$$\text{销项税额} = \text{销售额} \times \text{税率}$$

$$销售额 = 含税销售额 \div (1 + 税率)$$

进项税额是购进货物或者接受加工修理修配劳务和应税服务时,支付或者负担的增值税税额,也就是增值税专用发票上的税额。

【咨询】我们企业使用简易计税方法,怎么算销售额?

【解答】使用简易计税方法与一般计税方法类似,因为价款中是含税的,所以在处理账务的时候,也要做价税分离。

$$销售额 = 含税销售额 \div (1 + 征收率)$$

$$应纳税额 = 销售额 \times 征收率$$

【咨询】我知道"销售额"是指纳税人提供应税服务取得的全部价款和价外费用,价外费用包括什么?

【解答】价外费用,是指价外收取的各种性质的价外收费,但不包括代为收取的政府性基金或者行政事业性收费。这一点要注意。

【咨询】我们是做创意的公司,使用简易计税方法计税。前几天,我们收取了客户全额的服务费,但是对方不满意,我方退给客户一半的服务费,可是我们已经缴纳了上期的增值税,怎么做处理?

【解答】在做记账凭证的时候,你应该这样处理:

借:主营业务收入
　　应交税费——应交增值税
　贷:银行存款

记账后,因为是借记"应交税费——应交增值税"科目,所以就可以抵减当期的应交增值税了。

【咨询】我们是一般纳税人,已经开出了增值税专用发票,并且我已经根据发票做了记账凭证,后来因为合同价格有争议,对方要求我们退一部分金额,我该怎么办?

【解答】如果是当月的业务,对方没有做认证,按规定你可以开具红字增值税专用发票,再按红字发票上的金额冲减原来的记账凭证。

【咨询】我们企业经营的项目太多了,有的缴纳增值税,有的缴纳营业税,我建议老板再找一个会计,他为了省钱,一直是我一个人干,这些业务我都要分开核算吗?

【解答】应当分别核算,不然的话,税务机关就按最高的税率征收税金了,老板不但不招人,可能还要换人呢。

【咨询】我们是运输企业,上个月,老板有个关系户,我们租给他们一辆汽车,没有收租金,可以不做账务处理吧?

【解答】你们向其他单位或者个人无偿提供交通运输业和部分现代服务业服务,视同提供应税服务,但以公益活动为目的或者以社会公众为对象的除外。这是税务总局的规定,你应该做账务处理并缴纳增值税。

【咨询】我们为房地产企业设计了一幅户外广告牌,老板象征性地收了点工本费,我是否要据实列支? 好像还有什么规定。

【解答】对,税务总局有规定:纳税人提供应税服务的价格明显偏低或者偏高且不具有合理商业目的的,主管税务机关有权按照下列顺序确定销售额:

1. 按照纳税人最近时期提供同类应税服务的平均价格确定。

2. 按照其他纳税人最近时期提供同类应税服务的平均价格确定。

3. 按照组成计税价格确定。组成计税价格的公式为:

$$组成计税价格 = 成本 \times (1 + 成本利润率)$$

成本利润率由国家税务总局确定。

刚才有一个男生,跟我说了下面的一件事:

我们企业刚变成一般纳税人,今天下午,我跟老板说,这个月要缴纳一千多元的增值税。

老板一听就不高兴了,说,我给你那么多的进项税票,还要缴税?

我跟他解释,税务机关对一般纳税人核定了行业税负,不交税的话会引起他们的警觉,他们要查账的。

老板说,查账怕什么,我们都有发票。

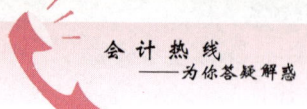

我说,他们还要查库存。

老板一脸的茫然,问我怎么查。

其实我也不知道税务局的人怎么查,我也是听说,说查库存就能推断出企业的税金是否准确,真神了。

最后他问我,税务机关是怎么查的,在什么情况下会引来税务局的人查账。

我告诉他,当企业长期低税负,或者长时间没有查账,或者财务数据发生异常,都会引起他们的查账欲望。

他又问,他们怎么查? 查什么?

我说,他们通过销项发票和进项发票与实际库存商品核对,如果其中有假,一般是对不上的。比如,收入不开发票,会计的库存商品账的数量一定比实际数量多。

他感叹着,看来税务上的很多事情,从书本上是学不到。

 **我 的 故 事**

原以为当会计只要做好本职工作就行了,其实不然。

我的第一份工作是记银行存款日记账,也许是我管银行账的原因,与银行的沟通很密切,每个月都要去银行对账。因为转账太多,那时候的票据传递又是人工的,所以差错也多。

后来我做了收入会计,与银行打交道的机会少了,与税务机关的来往多了。那时候银行的监管比税务要严。改革开放后,突然发现与银行的关系好处了,与税务局的关系紧张了,尤其是在私企。

我从国企走到私企,感觉两者有很多的不同:国企往往财大气粗,而私企处处精打细算;国企领导对财务很放手,只要不出现亏损,财务报表好看,基本不过问财务的事情,而私企老板恨不得天天盯着账本,担心钱财流失;国企对纳税的事情不是很在乎,有小金库,但是很少设两套账,而私企多少有点身子不正影子歪,跟税务的关系很微妙,两套账更是司空见惯。

我工作了二十多年,可谓千锤百炼:早年在国企会计科的磨炼,后来在各私企间做兼职会计的锤炼,又经过在会计培训学校当教师的锻炼,最近回到家里写会计书修炼,始终没有离开会计圈儿,我可能要在这里玩一辈子了。

记住:坚持一条路走下去,早晚会到目的地。

第二节　所得税法

每到年初,会计就开始做企业所得税的汇算清缴。只要把《企业所得税法》和《企业所得税法条例》学透了,与企业相关的规定处理清楚,就会很顺利。

一、允许抵扣的项目

企业所得税法规定了允许税前抵扣的项目,会计要知道具体内容。

【咨询】哪些可以在税前扣除?

【解答】有以下几项:

1. 成本:销售成本、销货成本、业务支出以及其他耗费。

2. 费用:销售费用、管理费用和财务费用。

3. 税金:增值税以外的各项税金及其附加。

4. 损失:固定资产和存货的盘亏、毁损、报废损失,转让财产损失,呆账损失,坏账损失,自然灾害等不可抗力因素造成的损失以及其他损失。

5. 其他支出:除成本、费用、税金、损失外的合理支出。

注意:企业已经作为损失处理的资产,在以后纳税年度又全部收回或者部分收回时,应当计入当期收入。

【咨询】凡是利息都可以在税前扣除吗?

【解答】下列利息是允许的:

1. 非金融企业向金融企业借款的利息支出、金融企业的各项存款利息

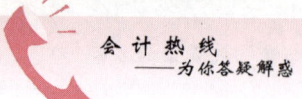

支出和同业拆借利息支出、企业经批准发行债券的利息支出。

2. 非金融企业向非金融企业借款的利息支出,不超过按照金融企业同期同类贷款利率计算的数额的部分。

【咨询】今天税务局的人来查账,说我们上年的招待费超标了,要补税,还罚了款,老板冲我喊,我也不是故意的,我好委屈。

【解答】作为合格的会计,你不能说不是故意的就可以摆脱责任。你不能节税还多缴税,老板没让你赔偿已经很宽容了,喊就喊吧,换位想想你就不会委屈了。

企业所得税规定:企业发生的与生产经营活动有关的业务招待费支出,按照发生额的60%扣除,但最高不得超过当年销售(营业)收入的5‰。

你是没有按40%调减纳税所得额,还是招待费超过了当年销售(营业)收入的5‰?吃一堑长一智,以后再不会发生类似错误了。

【咨询】哪些长期待摊费用允许扣除?

【解答】有,下列支出的长期待摊费用准予扣除:

1. 已足额提取折旧的固定资产的改建支出。

2. 租入固定资产的改建支出。

3. 固定资产的大修理支出。

4. 其他应当作为长期待摊费用的支出。

注意:长期待摊费用的支出,自支出发生月份的次月起,分期摊销,摊销年限不得低于3年。

二、不许抵扣的项目

允许抵扣的项目要记住,不许抵扣的项目更要清楚。

【咨询】哪些支出不能在税前扣除?

【解答】《企业所得税法》第十条规定:在计算应纳税所得额时,下列支出不得扣除:

1. 向投资者支付的股息、红利等权益性投资收益款项。

2. 企业所得税税款。

3. 税收滞纳金。

4. 罚金、罚款和被没收财物的损失。

5. 本法第九条规定以外的捐赠支出。

6. 赞助支出。

7. 未经核定的准备金支出。

8. 与取得收入无关的其他支出。

【咨询】企业发生的手续费及佣金支出税前扣除有什么规定？

【解答】财税〔2009〕29 号文件,将企业发生的手续费及佣金支出税前扣除政策问题通知如下：

一、企业发生与生产经营有关的手续费及佣金支出,不超过以下规定计算限额以内的部分,准予扣除；超过部分,不得扣除。

1. 保险企业：财产保险企业按当年全部保费收入扣除退保金等后余额的 15%（含本数,下同）计算限额；人身保险企业按当年全部保费收入扣除退保金等后余额的 10%计算限额。

2. 其他企业：按与具有合法经营资格中介服务机构或个人（不含交易双方及其雇员、代理人和代表人等）所签订服务协议或合同确认的收入金额的 5%计算限额。

二、企业应与具有合法经营资格中介服务企业或个人签订代办协议或合同,并按国家有关规定支付手续费及佣金。除委托个人代理外,企业以现金等非转账方式支付的手续费及佣金不得在税前扣除。企业为发行权益性证券支付给有关证券承销机构的手续费及佣金不得在税前扣除。

三、企业不得将手续费及佣金支出计入回扣、业务提成、返利、进场费等费用。

四、企业已计入固定资产、无形资产等相关资产的手续费及佣金支出,应当通过折旧、摊销等方式分期扣除,不得在发生当期直接扣除。

五、企业支付的手续费及佣金不得直接冲减服务协议或合同金额,并如实入账。

六、企业应当如实向当地主管税务机关提供当年手续费及佣金计算分

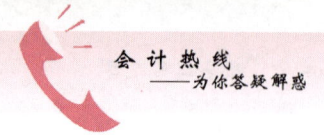

配表和其他相关资料,并依法取得合法真实凭证。

三、所得税法的应用

会计只看税法原文,不一定全部领会精神,就是税管员,对税法也不一定了如指掌。为此国家税务总局也会配合税法颁发一些指导性的条文,会计都应该学习。

【咨询】年末汇算清缴的时候怎么计算企业所得税?

【解答】税法规定了计算公式:

$$应纳税额 = 应纳税所得额 × 适用税率 - 减免税额 - 抵免税额$$

【咨询】怎么进行汇算清缴?汇算清缴的程序有哪些?我要做哪些准备?

【解答】每年的 5 月 31 日之前,企业要向主管税务机关办理上一年度企业所得税的纳税申报,结清当年应交的企业所得税。

汇算清缴的程序:

1. 准备阶段。按企业所得税法的规定,企业有需要报经税务机关审批、备案及申报事项的,先申报,然后填写企业所得税年度纳税申报表及其附表。

2. 申报阶段。需要报送的资料:

(1) 企业所得税年度纳税申报表及其附表。

(2) 财务会计报告。

(3) 备案事项相关资料。

(4) 分支机构预缴税款情况。

(5) 涉及关联方业务往来的,同时报送《中华人民共和国企业年度关联业务往来报告表》。

(6) 资产损失清单、专项申报表及相关资料。

还有的企业需要提供审计报告。

3. 受理阶段。主管税务机关受理报表后,加盖受理专用章后交纳税人留存。如发现问题,会退回并限期补正。

4. 结清税款。企业预缴的税款少于全年应缴税款的,在 5 月 31 日前缴纳税款;企业预缴的税款多于全年应缴税款的,可向主管税务机关提交申请抵顶或办理退税手续。

企业因有特殊困难,无法在汇算清缴期间补缴税款的,可办理延期缴纳税款手续。

【咨询】新开业的企业允许连续亏损 5 年,是吗?

【解答】企业盈亏税法是管不着的。税法上的意思是企业当年的亏损,可以在以后 5 年内用税前的纳税所得弥补。也就是说以后有了纳税所得,先弥补以前年度的亏损额后再计算所得税。

但是,你连续几年不缴纳企业所得税,会引起税管员的注意,他们会来查账。

【咨询】企业所得税每个月都要计提吗? 还是仅在季末预缴的时候再做结转凭证?

【解答】这要看当地税务机关的规定,多数省份规定按季度预缴企业所得税,有的省份是按月预缴。

按月预缴的,就按月计提;按季度预缴的,就在季末计提。

【咨询】企业可以缩短折旧年限吗?

【解答】可以。

企业所得税法第三十二条:企业的固定资产由于技术进步等原因,确需加速折旧的,可以缩短折旧年限或者采取加速折旧的方法。包括:

1. 由于技术进步,产品更新换代较快的固定资产。

2. 常年处于强震动、高腐蚀状态的固定资产。

采取缩短折旧年限方法的,最低折旧年限不得低于税法要求的最低折旧年限的 60%。

【咨询】我们是小规模纳税人,最近要填写企业所得税分类管理认定表。怎样填比较好一点? 对所得税有影响吗?

【解答】分类管理是针对不同行业、不同规模、不同类型企业,来确定企

业是"查账征收"还是"核定征收"。

对于企业来说,财务健全的可以"查账征收",就是按纳税所得缴税,但是对会计的账务处理要求比较严格。账务不健全的最好是"核定征收",省时省事,但有时候可能费钱,不管是否盈利都要交税。

至于哪一种征收方法,由不得会计来定,需要与税务机关沟通,因为他们是决定者;还要与老板商量,看企业的情况是否能到达税法的要求。比如查账征收的,很多账务要合理、合规,达不到要求,就不如核定征收了。其实税务机关更愿意让企业核定征收,可以保证税源。

【咨询】我公司是小规模纳税人,需要给一般纳税人代开增值税发票,我怎么办理?

【解答】各地要求不尽一致,一般的程序为:

带上税务登记证副本,到国税局税务大厅,填写《代开增值税专用发票缴纳税款申请单》,办理开票手续。金额大的,还要提供供货合同等证明材料,专管员先签字,再经过领导审批,然后缴纳 3％的增值税,拿着完税凭证去开增值税专用发票。

【咨询】我们老板有两家企业,一个是查账征收的,一个是核定征收的,根据什么定的?

【解答】查账征收或核定征收是企业所得税的征收方式,由税务机关根据有关规定给企业核定的。

核定征收的条件:

1. 依照法律、行政法规的规定可以不设置账簿的。

2. 依照法律、行政法规的规定应当设置但未设置账簿的。

3. 擅自销毁账簿或者拒不提供纳税资料的。

4. 虽设置账簿,但账目混乱或者成本资料、收入凭证、费用凭证残缺不全,难以查账的。

5. 发生纳税义务,未按照规定的期限办理纳税申报,经税务机关责令限期申报,逾期仍不申报的。

6. 申报的计税依据明显偏低,又无正当理由的。

核定征收还有两种方式：一种是核定应税所得率，一种是核定应纳所得税额。

【咨询】企业买一赠一，属于捐赠吗？怎么确认收入？

【解答】买一赠一不属于捐赠，应将总的销售金额按各项商品的公允价值的比例来分摊确认各项的销售收入。

【咨询】把企业的产品用于交际应酬了，需要做收入吗？还是直接转成本？

【解答】因为资产所有权属已发生改变，所以视同销售确定收入。

这类情形还有：用于市场推广或销售、用于职工奖励或福利、用于股息分配、用于对外捐赠。

【咨询】去年我们有一批商品过期了，老板让我做了账务处理。今天税务局的人来检查，说这笔账要补税，还要罚款。我都不知道犯了哪条，我怎么跟老板交代啊？

【解答】税务总局有个《企业资产损失所得税税前扣除管理办法》，要求企业发生资产损失后，向税务机关申报，他们要根据你报的情况审查，如果合乎手续，允许在税前抵扣，否则就不许抵扣。

你擅自决定把损失在税前扣除了，你有责任，找老板解释一下，主动承认错误，看他是否能谅解你。

【咨询】我们是小型微利企业，上一纳税年度年应纳税所得额只有3万多元。今年预缴所得税填表时，按什么税率计算？

【解答】低于6万元的小微企业，执行15％的低税率。

在预缴纳税申报表（A类）的第9行"实际利润总额"填写实际数，乘以15％填在第12行"减免所得税额"内。

注意：预缴前，要向主管税务机关提供上一纳税年度符合小型微利企业条件的相关证明材料。经过核实后，才可按15％税率缴纳。

【咨询】资产损失包括什么？

【解答】资产，就是会计要素里的资产。资产损失，是指企业在生产经营活动中实际发生的、与取得应税收入有关的资产损失，包括现金损失，存

款损失,坏账损失,贷款损失,股权投资损失,固定资产和存货的盘亏、毁损、报废、被盗损失,自然灾害等不可抗力因素造成的损失以及其他损失。

【咨询】我们企业年末进行财产清查的时候,也有资产损失,怎么向税务机关申报?

【解答】企业资产损失按其申报内容和要求的不同,分为清单申报和专项申报两种申报形式。其中,属于清单申报的资产损失,企业可按会计核算科目进行归类、汇总,然后再将汇总清单报送税务机关,有关会计核算资料和纳税资料留存备查;属于专项申报的资产损失,企业应逐项(或逐笔)报送申请报告,同时附送会计核算资料及其他相关的纳税资料。

【咨询】哪些损失需要以清单申报的方式向税务机关申报扣除?

【解答】按国家税务总局的规定,下列资产损失应以清单申报的方式向税务机关申报扣除:

1. 企业在正常经营管理活动中,按照公允价格销售、转让、变卖非货币资产的损失。

2. 企业各项存货发生的正常损耗。

3. 企业固定资产达到或超过使用年限而正常报废清理的损失。

4. 企业生产性生物资产达到或超过使用年限而正常死亡发生的资产损失。

5. 企业按照市场公平交易原则,通过各种交易场所、市场等买卖债券、股票、期货、基金以及金融衍生产品等发生的损失。

除此以外的资产损失,应以专项申报的方式向税务机关申报扣除。

【咨询】企业发生的资产损失,只要申报就可以了吗?

【解答】当然不是,你申报的时候,是要提供证据的,包括具有法律效力的外部证据和特定事项的企业内部证据。

外部证据,是指司法机关、行政机关、专业技术鉴定部门等依法出具的与本企业资产损失相关的具有法律效力的书面文件。

特定事项的企业内部证据,是指会计核算制度健全、内部控制制度完善的企业,对各项资产发生毁损、报废、盘亏、死亡、变质等内部证明或承担责任的声明。

具体的自己找来文件看一下吧。一个是财政部颁发的财税〔2009〕57 号文件,一个是国家税务总局公告 2011 年第 25 号的《企业资产损失所得税税前扣除管理办法》。

【咨询】企业有的损失是几年前就发生了,一直没有做账务处理,现在处理是否可以?

【解答】可以。以前年度发生的资产损失未能在当年税前扣除的,可以向税务机关说明并进行专项申报扣除。准予追补至该项损失发生年度扣除,但追补确认期限一般不得超过 5 年。

【咨询】我公司是小规模纳税人,去年刚成立,增值税定的是 600 元,所得税每季度定的是 300 元,现在所得税要年度汇算,让我按照增值税定税收入额上报,可我没有那么多的收入,会补交所得税款吗?

【解答】只有当你的收入大于核定的金额时才会补交。

【咨询】上年收入少计了 20 000 元,业务招待费的基数是不是就多20 000 元? 意思是计算业务招待费的基数是不是也大了?

【解答】对。如果是误记的,需要调整收入。

【咨询】我公司是小规模纳税人,给一般纳税人代开了一张增值税专用发票,这个月我怎么申报? 报表怎么填?

【解答】应该正常申报,在《增值税纳税申报表》里的第 13 栏"本期预缴金额"填上你代开发票时已经缴纳的税金,然后在第 14 栏"本期应(补)退税额"就是你本月应该缴纳的增值税。

【咨询】什么叫税前抵扣呀? 是正规发票就可以扣除吗?

【解答】税前的这个"税"指的是企业所得税。也不是所有的发票都允许税前抵扣的,比如企业没有汽车,多正规的汽油发票也不可以报销。

你找企业所得税法看看,上面很多的条文规定企业哪些项目可以抵扣,哪些不可以抵扣,年末汇算清缴时很有用。

【咨询】所得税每个季度都预缴,到了第四个季度还要预缴吗?

【解答】要啊,预缴后才能汇算清缴。

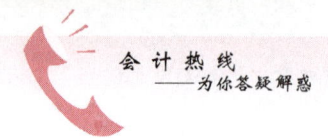

【咨询】我公司向银行投资 800 万元,第二年分得红利 24 万元,请问分得的红利需要缴纳营业税和企业所得税吗? 或者涉及其他的税费吗?

【解答】这笔收入属于免税收入,不纳税。

【咨询】年末汇算清缴的时候,哪些问题会计容易忽视?

【解答】我找一些共性的内容吧。

1. 工资的问题。工资总额要算准了,因为职工福利费、职工教育经费、工会经费,都要以工资总额为基数按一定比例计算。

目前,我国个人所得税的免征税额是 3 500 元,一些发达地区的员工,超过了这个金额就要纳税了。

工资总额的组成:基本工资、奖金、津贴、补贴。这个补贴,包括现金支付的通讯补贴、住房补贴、餐费补贴、交通补贴、节日补贴。

2. 职工福利费。职工福利费包括什么呢? 税务总局和财政部都先后发文,做了规范。

财政部的规定如下:

(1)为职工卫生保健、生活等发放的现金或实物,比如职工的疗养费用、职工食堂的经费补贴、给职工定的午餐支出,还有供暖费补贴、防暑降温费用等。

(2)内部办的职工食堂、职工浴室、理发室、医务所、托儿所、疗养院、集体宿舍等集体福利部门设备、设施的折旧、维修保养费用,还有其人员工资、社会保险费、住房公积金等。

(3)职工困难补助费。

国家税务总局的规定如下:

(1)尚未实行分离办社会职能的企业,其内设福利部门所发生的设备、设施和人员费用,包括职工食堂、职工浴室、理发室、医务所、托儿所、疗养院等集体福利部门的设备、设施及维修保养费用和福利部门工作人员的工资薪金、社会保险费、住房公积金、劳务费等。

(2)为职工卫生保健、生活、住房、交通等所发放的各项补贴和非货币性福利,包括企业向职工发放的因公外地就医费用、未实行医疗统筹企业职工医疗费用、职工供养直系亲属医疗补贴、供暖费补贴、职工防暑降温费、职工困难补贴、救济费、职工食堂经费补贴、职工交通补贴等。

（3）按照其他规定发生的其他职工福利费，包括丧葬补助费、抚恤费、安家费、探亲假路费等。

两家的规定都差不多。

上述费用实际发生时，在工资总额 14％ 以内的部分允许税前抵扣，超过部分不许抵扣。

比如全年工资总额是 100 万元，职工福利费支出 12 万元，没有超过工资的 14％，可以在所得税前扣除；如果职工福利费支出 15 万元，那么只允许你扣除 14 万元，那 1 万元不许税前扣除，会计要调增纳税所得额，计算企业所得税。

税前指的是所得税前，税前抵扣得越多，企业所得税缴纳得越少。

私企的福利费发得不多，国企，尤其是机关事业单位，到了节日大发特发职工福利。为此国家特别规定，企业要把福利费单设一本账。以后看见会计专门设了账户进行核算福利费，那不是给你专设的，而是以备税务机关检查用的。

3. 职工教育经费。为了培训职工发生的教育费支出，按不超过工资总额的 2.5％ 部分可以税前扣除，超过部分允许结转到以后年度扣除。

比如今年的工资总额是 100 万元，实际教育费支出 4.5 万元，按 2.5％ 的扣除标准多了 2 万元，那么本年只许税前扣除 2.5 万元，余下的 2 万元在下一个纳税年度里扣除。

有些企业比较重视员工教育，每年会拿出一些教育经费，培训员工技能。但有些员工流动过于频繁，老板就舍不得给别人做嫁衣了，因此也不担心这笔经费会超支。

4. 业务招待费。企业为了生产和销售，难免会发生业务招待费。比如为了业务上的需要，请客吃饭、送礼。因为这一部分费用，国家很难分清楚是企业用于商务招待了还是你老板个人消费了，所以只允许在税前扣除实际支出的 60％，另外还有一个标准，这 60％ 的招待费，还不能超过当年销售

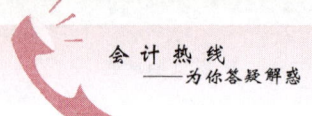

收入的5‰。

举个例子:当年企业营业额是300万元,发生招待费用2万元。

先按着60%计算,2万元的招待费允许扣除1.2万元;接着按300万元的5‰计算,是1.5万元,两者比较取最低值1.2万元,这是允许税前抵扣的金额。

如果营业额还是300万元,招待费支出3万元,按60%计算,是1.8万元,接着按300万元的5‰计算,还是1.5万元,这1.8万元超过了1.5万元的标准,对不起,只能按1.5万元扣除。

不过你可以踩着"临界点"做预算。

比如企业每年的营业额大约是1 200万元,那么按照5‰的允许扣除比例计算可以报销6万元招待费,此外,6÷60%=10(万元),也就是说今年消费10万元的招待费,都可以在税前抵扣。

计算步骤:首先用营业额乘以5‰计算出来允许扣除的金额,再用这个金额除以60%,就是业务招待费的临界点。

再算一题:本年的营业额大约500万元,支出多少正好能在税前扣除。

$$500 \times 5‰ = 2.5(万元)$$

$$2.5 \div 60\% = 4.16(万元)$$

这样知道了,每年你支出4.16万元的招待费,按60%计算,也不会超过按营业额的5‰计算的标准。

这是用倒退法计算税前可以抵扣的招待费用,这样你消费的时候心里就有数了。

业务招待费即使不超标,企业也要负担40%,很不利于税收筹划,这就要求会计划清界限——不是吃饭就是业务招待费,有些饭可以计到别处的,这样就可以全额报销了。比如节假日款待员工的就餐,应该算作福利费,而不是业务招待费,这部分就可以100%的报销。有时候会计看到招待费就按业务招待费处理,企业就吃亏了,又一次看到"好会计"的重要性了吧。

5. 广告宣传费。广告宣传费包括广告费和业务宣传费。

税法规定,不超过当年销售收入的15％,准予扣除,超过部分跟教育经费一样,可以结转到以后年度扣除。其实这15％的比例不少了,一般的企业是舍不得花大价钱做广告宣传的。

例如:当年销售收入300万元,广告宣传费本年支出38万元,按照规定的比例15％计算,可以税前抵扣广告费45万元,而实际支出没有超过这个规定金额,可以在当年全额扣除。

如果实际支出46万元,那么允许当年抵扣45万元,剩下的1万元留作下年度抵扣。

上述问题是会计不应该忽视的问题。

【咨询】每个季度计提企业所得税会计分录怎么做?

【解答】我按季度告诉你怎么做分录。

第一季度末,按第一季度的"本年利润"贷方余额计算应缴所得税:

借:所得税费用

贷:应交税费——应交企业所得税

第二季度末,按第二季度"本年利润"的贷方余额,减去上季度的贷方余额,计算出本季度应缴企业所得税。分录是一样的,不重复了。

同理,第三季度、第四季度也是这样做。

但是,本季度的"本年利润"在借方余额的,就不用缴纳企业所得税了。

到了年末,要根据全年的利润总额,根据企业所得税法的规定,做汇算清缴,也就是多退少补。把全年应缴纳的税额算出来,减去已经缴纳的税额,多交了,做相反的分录,然后申请退税,少交了就补上。

【咨询】上年我们企业有一笔支出,今年才想起来,还能扣除吗?

【解答】根据《中华人民共和国税收征收管理法》的有关规定,对企业发现以前年度实际发生的、按照税收规定应在企业所得税前扣除而未扣除或者少扣除的支出,企业做出专项申报及说明后,准予追补至该项目发生年度计算扣除,但追补确认期限不得超过5年。

企业由于上述原因多缴的企业所得税税款,可以在追补确认年度企业

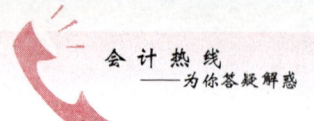
所得税应纳税款中抵扣,不足抵扣的,可以向以后年度递延抵扣或申请退税。

亏损企业追补确认以前年度未在企业所得税前扣除的支出,或盈利企业经过追补确认后出现亏损的,应首先调整该项支出所属年度的亏损额,然后再按照弥补亏损的原则计算以后年度多缴的企业所得税款,并按前款规定处理。

我的故事

我在国企当会计的时候,来查账的有三个部门,一是上级主管部门,二是市里审计部门,三是区级税务部门。后来我到了私企,才认识到税务局的厉害。他们几乎每年上门一次,然后像探雷针一样在账本上侦查,发现蛛丝马迹就不依不饶,每次都不想空手而归。

有一次,我在一家商业公司当兼职会计,老板给我打电话,说税务局的来查账了。一般来说他们查账应该提前跟会计打招呼啊。

我急急忙忙到了公司,一进门,发现这两人不熟悉,原来是税务稽查,说是今年抽查到我们公司,主要是看看发票。

当时老板有点紧张,一直用眼睛瞄着我。

查了十多分钟,没有查出什么毛病,他们走了,老板才松了一口气。因为那些发票都是老板娘开的,老板心里也没底。看得出,老板也是很在乎税务检查的。

都说老板想偷税,让会计很难做,有时候他们的胆子比会计还小。

就发票的问题我再说一件事情。

我教会计的时候,有同学反映,他们公司有个食堂,管理员一直在市场买菜,回来后就拿白条报销。有一次税务来查账,结果被罚款。问我遇到这些事怎么办。

我告诉他,税务有明文规定,如果企业的支出,经税务机关判断业务属

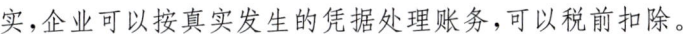

实,企业可以按真实发生的凭据处理账务,可以税前扣除。

做会计的躲不过避税的话题,还是换一个字眼,叫节税,或者叫税收筹划。

在课堂上,通过与学生们的交流,我发现她们都想知道怎么能给企业少交税,却很少去研究税务上的规定。应该说,一个懂税务筹划的会计,一定是受企业欢迎的人。

想节税也不是很容易,首先要了解企业,因为企业的性质不同、规模不同、经营不同,税收筹划要因"企"而异,也要因"企"制宜。其次要精通税法,税法条款太多了,不好掌握,所以要能融会贯通。

记住:不做违法乱纪事,不怕税官来敲门。

第五章

业务上的困扰

会计除了账务的处理，还有很多其他业务。财务工作牵动着企业的每一根神经，本部门的工作要衔接，与外部门的工作要协调，这些问题清楚了，到工作岗位后，会少走一些弯路。

第 一 节　 内 部 业 务

初当会计的，往往不知所措，因为企业有很多部门，这些部门的业务是有关联的，一样要了解。

一、弄清本部门业务

会计要处理账务，还要了解业务，了解身边的工作。

【咨询】出纳、统计、会计，都是干什么的？

【解答】简单地说：

出纳——管钱；

统计——管数；

会计——管账。

【咨询】我刚毕业，现在一家新公司做会计，财务室只有我和出纳两人，今天早上司机找我报销，我该怎么做？他是不是应该先找出纳填写报销凭证，再让他拿去给领导签字,回头到这里报销啊? 我主要是程序先后不清楚。

【解答】公司成立后,你应该协助老板先建立财务制度,这里包括报账制度。一般的程序是这样的:

1. 经手人签字。

2. 会计审核。

3. 管理者审批。

4. 出纳报销。

【咨询】今天收到很多票据,张三买了这,李四买了那,如何处理才能快捷又不乱呢?

【解答】可以把已经报销的同类业务集中做分录,比如买办公用品的归一类,借记"管理费用"科目,车间的费用归在一起,借记"制造费用"科目,贷方或者是"库存现金"科目,或者是"银行存款"科目。

【咨询】一张报销单后面的单据什么都有,都不是一个会计科目的内容,我该如何处理?

【解答】粘贴票据的时候就应该分门别类,不用细分,只要属于一个会计科目核算的业务就可以。

已经报账的票据就不能再拆散了,还是按上面的类别做记账凭证吧,涉及什么做什么。

其实报账需要财务部门签字,除了核对金额、查看票据是否合规,还要看粘贴的是否合理。是你们自己疏忽了,以后留点神。

【咨询】每次报销都必须填报销单吗?

【解答】如果只有一张发票,就别再浪费一张报销单了,直接在发票的后面签字就可以报销。不过这要看企业的规定,也许你们要求都必须贴报销单呢。

【咨询】社会保险费和公积金费用,是先计提还是先交费?

【解答】只要每个月与工资配比,怎么做都行。工作中有些问题都是可以变通的。

【咨询】我是第一次做会计,营业执照刚办好,如何选择开户行,除了基本存款账户外一般还需要开设什么账户吗?

【解答】基本账户就够用了,既可以转账,又可以提取现金。根据业务需要,还可以开办一般账户,但不能提取现金。

【咨询】商业结转商品成本的时候,附件只有出库单吗?不需要别的单据吗?

【解答】销售的时候需要出库单,当月结转成本的时候,会计按出售的商品数量做一张表就可以了,也可以让保管员设计一张出库汇总表。

【咨询】我和往来单位对账,发现很多余额都对不上,有些能找到原因,有些找不到原因,现在想调整一下,我该怎么做账务处理?

【解答】你与对方协商一下,不能单方面解决问题,那样也许企业会吃亏。符合坏账损失条件的,应该向税务机关申请坏账损失税前扣除。

【咨询】我们是服务单位,购买的产品都使用了,收到的款项都是技术服务费,产品和材料没有办法出库,造成库存产品和原材料大量积压,这个问题如何解决?

【解答】怎么叫没办法出库?只要材料领用了,不管是谁用的都要做出库啊。像你说的那种情况,购买的时候借记"库存商品"科目,耗用的时候要贷记"库存商品"科目,这样不就出库了吗?不然,你只有收入,没有成本,要缴纳多少所得税啊,老板岂能轻饶了你。

【咨询】我是一家服装商贸公司的会计,公司有几家直营店和加盟店。现在老板想知道公司运营情况、应收应付账款情况及店面的盈亏,我该提供什么样的报表给他?

【解答】有两张表可以说明一切财务问题:一张是反映财务状况的资产负债表,一张是反映盈亏的利润表。如果老板要掌握详细的往来账目,建议你把应收账款、应付账款上的明细给他报一份。

【咨询】公司的店面是租个人的,每个月的租金也不少,但是个人不能开发票,租金费用要怎么处理呢?

【解答】遇到这种情况,应该让房东到地税代开发票,企业也有代扣代缴的义务。可实际上出租方很少有给开发票的,因为有的省份代开发票要缴纳一系列的税金：营业税、城市维护建设税、教育费附加、房产税、城镇土地使用税、个人所得税、印花税，合计达 20％，有的省份很少，5％左右，所以没人愿意主动缴纳，有的企业不得已只能自己垫付。因此签订租房合同的时候，一定要把税金写进去，协商好税金由谁负担。

【咨询】我们是工业企业，一般来讲生产成本占销售收入的多少，工资占总销售收入多少，费用占销售收入的多少，才算合理？

【解答】不同的行业有不同的标准，有的高，有的低。而且还要看你是什么类型的企业和所处的地域，因为销售价、成本价、人员工资都会左右"合理"数据的，最好与本地区的同行业比较，才能看出是否合理。问题是这些数据是不好了解的，我这里有个常见的理想数值，你可以参考一下（表 5-1）。

表 5-1

理 想 数 值 表

主营业务收入	100％
主营业务成本	75％
主营业务利润	25％
期间费用	13％
营业利润	12％
营业外净损失	1％
利润总额	11％
所得税费用	3％
净利润	8％

【咨询】事业单位包括什么？

【解答】事业单位不以营利为目的，为社会提供产品、劳务和公共服务，其目的在于谋求最广泛的社会效益的非盈利单位，比如教育、文化、科研、卫生、广播电视、社会福利事业等。

【咨询】我以前做过企业会计，现在调到事业单位当会计，在核算上有什么不同吗？

【解答】你有了在企业当会计的基础，在事业单位当会计就很简单了。虽然会计要素和会计科目都有所不同，但会计原理是一样的。

两者的主要区别:企业要计算利润,事业单位没有利润;企业要计算税金,而事业单位没有。

建议你把《事业单位会计制度》找来看看,很快就会掌握的。以后会出台《事业单位会计准则》。

【咨询】工业会计和商业会计在核算上有什么区别?

【解答】区别如下:

一是成本科目不同:工业有加工成本核算,有专用科目:生产成本、制造费用;而商业没有。

二是成本核算方法不同:工业有加工环节,需要核算产品的制作成本;而商业是流通环节,只做采购和销售账务。

三是业务流程不同:工业是采购、加工、销售;商业只有采购和销售。

【咨询】我在小诊所当会计,职能科室领用的一次性注射器、手套等,怎么核算?

【解答】诊所属于医院,参见《医院会计制度》,会计科目与企业的有所差别。

比如收入的科目是"医疗收入"。

注射器一类的物品购入时计入库存物资,相当于库存商品。领用时计入医疗业务成本,相当于结转成本。

如果你有会计基础,再看看《医院会计制度》,很容易上手的。

【咨询】我毕业快一年了,这一年当中我换了两家同样的公司,发现两家前任会计记的账都不一样,我还要自己摸索,为什么呀?

【解答】我只能说,会计准则是统一的,可是会计水平有高低。

因为企业不同,管理水平与要求也不同,核算上也会有一些差别,这就是有人说实际工作和理论不同的原因。但万变不离其宗,会计的账务处理应该是一致的。

还有人说,一个会计记账一个样儿,接任工作后,前任会计不交代清楚,你就要摸索一段时间,也是这个道理。

【咨询】我们财务部有1名部长,1名会计,1名出纳员。他们的职责是什么？

【解答】分别简单地说说。

1. 财务部部长：在总经理授权范围内行使对公司财务的处理权，制定本公司的财务规章制度，全面负责财务部的工作，合理支配资金。

2. 会计：按会计准则的规定，做好记账、算账、报账工作，按权责任发生制原则处理费用和成本，负责对会计凭证进行整理归档。

3. 出纳：负责企业的现金管理工作，对费用报销手续要严格把关，保证资金安全，做到日清月结。

二、了解各部门业务

财务部门与其他部门一样，都是企业的组成部分，分工不同，又相互关联。

【咨询】我大学毕业后应聘到本地的一家工厂，有近百人，好多的部门，我怎么能尽快了解呢？

【解答】工厂的部门比较多，会有行政部门、人事部门、财务部门、供应部门、生产部门、销售部门、仓储部门、市场部门等。

1. 行政部门：负责各种会议，做好文件传送，协调各部门关系，压缩管理费用，做好后勤工作。

2. 人事部门：职工岗位培训，核算员工工资、安排人员变动，管理劳动合同，负责社会保险。

3. 财务部门：做好经济核算，编制财务计划，制定规章制度，保证资金周转，做好税收筹划。

4. 市场部门：编制营销计划，制定利润指标，市场开发调研，负责新产品开发。

5. 供应部门：调查市场情况，拟定采购计划，合理安排存货，控制采购成本。

6. 生产部门：制定生产工艺，完成生产计划，控制产品质量，保证生产安全等。

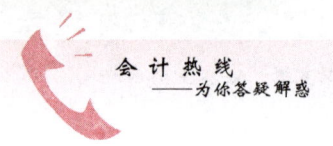

7. 销售部门:制定销售计划,协调客户关系,调整销售区域,管理销售队伍。

8. 仓储部门:记录出入库货物,定期核对数量,负责仓库安全,保证货物质量。

【咨询】财务部门与各个部门是什么关系?

【解答】财务部门与各个部门几乎都有关系,我简单说下。

财务部门与行政部门——企业的管理费用报销,都是行政部门发生的,压缩费用,是两个部门的共同目标。

财务部门与采购部门——采购部门购买的货物,票据要传给财务部门,然后确定付款时间,发生的退货、质量问题,也要通过采购部门去沟通。

财务部门与市场部门——经济指标的制定,第一手市场材料是由市场部门提供,财务部门协助制定财务预测,提供历年的利润完成情况。

财务部门与生产部门——生产部门的统计与会计的关系最密切,产品的数量是由他们提供的。

财务部门与人事部门——社会保险费、工资的核定,是由人事部门提供的,会计根据他们提供的数据,做社会保险费的账务。

财务部门与销售部门——产品销售后,销售部门负责催款,进行往来账务的结算。

财务部门与仓储部门——财务部门要依据仓库保管员报来的原材料、产成品等数量,做账务处理,那些基础数据不正确,财务报表就不可能正确。

上述部门的关系链:采购部门采购进来物品,经保管部门验收后办理入库手续,交给财务部门,会计做存货的增加。生产部门领用原材料等,加工出产成品,再交给仓储部门,仓储部门把收到的产品数量报给财务部门,会计做产成品的结转。销售部门联系到客户销售产品,从仓储部门调出产品,仓储部门将出库单转到财务部门,会计做销售的账务。月末,人事部门送来当月员工的工资,会计要做工资分配。所有这些数据反馈给市场部门,他们会制定市场规划。

你看,各个部门一环扣一环,有序地进行着,形成一个有机整体。

【咨询】工业企业的资金是怎么运转的?

【解答】货币资金→储备资金→生产资金→成品资金→货币资金。

三、同事之间的协助

在财务部门的家庭成员中,有财务经理,有会计和出纳,会计的工作,需要配合。

【咨询】会计在工作上有哪些方面需要协调?

【解答】需要协调的地方很多啊,尤其是手工账下。比如出纳报销后填制记账凭证,有的只做一半,把另一半交给会计做,如果两人协调不好,就容易造成账户余额对不上。会计之间要有协调,总账会计与明细账会计之间的协调,有的财务经理编制财务报表,需要总账会计提供数据;往来会计的结算,需要出纳员的配合。

使用财务软件后,账务上的配合不那么重要了,而工作关系上的沟通更加重要。

【咨询】出纳有没有查阅以前年度或月度凭证的权利?

【解答】有啊,因为那些凭证有的就是出纳做的。

【咨询】出纳和会计是什么关系?

【解答】出纳和会计是一个部门中的两个成员,工作上是相互配合的关系。

出纳员负责现金的实务管理和库存现金、银行存款的账务管理,会计负责明细账、总账和财务报表的管理。哪个环节有失误,都会影响企业的经济数据。尤其是在手工账下,出纳的日记账要与会计的总账核对,出现差错要两个人共同查找,各自为政就麻烦了。

【咨询】财务经理对我们的工作不满意就吆五喝六的,她从来不指导会计怎么做,这样对吗? 我怎么办?

【解答】这个经理可能脾气不好,也许是恨铁不成钢。每个人的工作方法都不一样,你说的现象是有点过激,作为一个部门的领导,应该调动本部

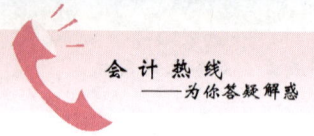
门人员的工作积极性,不应靠吼,而应靠哄。

作为会计,面对领导,对的方面要服从,错的地方要沟通。

四、交接手续的办理

当你到一家新企业,首先遇到的不是业务,而是交接。

【咨询】小规模纳税人会计移交,需要哪些手续?

【解答】不管是什么"人",会计办理交接的时候手续都一样。

交接前:

1. 把手里所有的原始凭证处理成记账凭证,然后记账,结出余额,并在余额处签上你的名章。

2. 整理好应该移交的各项资料:记账凭证、账簿、财务报表、公章、现金、有价证券、支票簿、发票、其他会计资料和物品。实行会计电算化的,应在移交清册上列明会计软件及密码、会计软件数据盘、磁带等,并登记在"移交清册"上。

3. 需要交代的事情最好写出书面材料。

移交时:

要有第三人在场负责监交,按"移交清册"进行清点,看是否账账相符、账证相符、账实相符。

最后签字:

在"移交清册"上,最后要有交接双方和监交人三人的签名或盖章,一式三份,交接双方各一份,存档一份。

【咨询】会计交接期间遇到的现金收支凭单需要签名时,应该谁来签字处理?

【解答】交接时,交账的人应该把所有的业务都记到账上才可以办理交接,也就是说要把原始凭证都做记账凭证后记到账上。

如果交接的时候有人来报账,最好等交接后再办理,那时候就是接收人的业务了。

【咨询】我上一任的会计把账本弄丢了,听老板说的意思是他故意不交,我不能办理交接手续了,咋办?

【解答】如果有证据证明你说的情况属实,那么会计就犯法了,犯的是《会计法》——未按照规定保管会计资料,致使会计资料毁损、灭失的,构成犯罪的,依法追究刑事责任。

他不交账,你也没什么接的,只负责你接手后的账务吧。

【咨询】前任会计跟老板有矛盾,甩手走了,我来以后一直没办理交接,这样可以吗?

【解答】这种情况是有的,你最好自己单方面在账上"接管人"处签上自己的名字,然后让老板在上面签字,这样如果前任会计经手的账有问题,也可以分清责任。

【咨询】我是初学会计,只有一点理论的知识,没有实务操作的经验。刚找到一份会计的公司,今天第一天上班,想问下原来的会计移交给我的时候,我应该问清楚哪些事项? 注意什么?

【解答】如果你是手工账,原来的会计交给你什么,你就接什么,在交接清单上,把实物一样一样地核对,然后看账簿上是否都结出了余额,明细账是否与总账能对上。尽量不要接原始凭证,有的话,要求对方做记账凭证后记账。

另外,原来的会计还要把未尽事宜向你口头交代,或者写在交接书上,能留下电话就更好了,方便以后有疑问的时候咨询。

如果是电算账,也会有实物交接,然后与电算账上的余额核对,更改软件里的用户名和登录密码。

交接后要监交人签字。

【咨询】我刚接手会计,是手工会计,一点头绪没有,应该从哪里入手?

【解答】没有头绪,交接的时候,总账是平的吗? 明细账与总账是否结平? 这些都没问题了,你翻阅一下前期的记账凭证,结合后面的票据,看前任会计根据这些票据是怎么做记账凭证的,那些记账凭证,就是免费的教材。然后,把传到你手里的票据,照葫芦画瓢,别告诉我你一点基础都没啊。

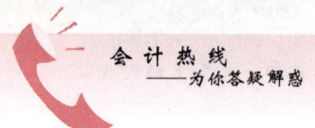

五、部门之间的互助

企业的财务部门与其他部门做好配合与沟通。才能顺利开展工作。

【咨询】我跟保管员对账的时候很费劲,一件物品翻账本就要找好一会儿,怎么办?

【解答】其实你"费劲"的根源是账本。你把材料账的账本和保管员的保管账本调整为统一顺序的目录和页数,问题就解决了。

【咨询】会计如何协助保管员建账?

【解答】仓库只有一本保管账,如果物品多,建议他先建账,他要做的是:

1. 把物品归类。

2. 按顺序登记账簿,记下数量。

3. 你按照他的账,安排你的账,主要是物品的顺序,这样方便对账、查库。

【咨询】采购部门购进了货物,我们没钱暂时挂在"应付账款"里。后来采购部门说对方来催款了,我们账户的钱还是周转不开,可是他们就说财务部门刁难他,我怎么解释呢?

【解答】你可以把银行账户里的存款余额告诉他,然后说:员工要发工资,税款要支付,都比那件事重要。其实,有钱不给就失去信誉,企业也有损失。我们都是为企业着想,等销售款收回后我第一时间把这笔货款还了。

【咨询】企业的商品销售后,应该谁负责往回要货款?

【解答】你说的是"应收账款"吧,这要看企业的安排,有的要求财务部负责催款的工作,有的要求销售部负责到底。但是作为会计,要协调好资金的使用,该回收时就回收。

【咨询】如何进行财产清查?

【解答】如果是年末进行财产清查,要全体动员。

1. 由企业主管领导安排,由财务部门牵头,各个部门都要参与。

2. 设计盘点表,主要类别是库存商品、周转材料、固定资产。

3. 盘点后要签字,包括:责任人、盘点人、监盘人。

4. 将盈亏情况上报给管理层,确认后返回财务部门。

5. 财务部门根据清查情况做账务处理。

六、内部会计的控制

内部会计的控制可以规范会计行为,保证会计资料真实、完整,堵塞漏洞、消除隐患,防止并及时发现、纠正错误及舞弊行为,保护企业资产的安全、完整。

【咨询】内部会计控制的内容包括什么?

【解答】主要包括:货币资金、实物资产、对外投资、工程项目、采购与付款、筹资、销售与收款、成本费用、担保等经济业务的会计控制。几乎涵盖了会计的所有业务。

【咨询】对货币资金如何规范?

【解答】单位应当对货币资金收支和保管业务建立严格的授权批准制度,办理货币资金业务的不相容岗位应当分离,相关机构和人员应当相互制约,确保货币资金的安全。

【咨询】对实物资产如何规范?

【解答】单位应当建立实物资产管理的岗位责任制度,对实物资产的验收入库、领用、发出、盘点、保管及处置等关键环节进行控制,防止各种实物资产被盗、毁损和流失。

【咨询】如何避免采购风险?

【解答】企业应当合理设置采购与付款业务的机构和岗位,建立和完善采购与付款的会计控制程序,加强请购、审批、合同订立、采购、验收、付款等环节的会计控制,堵塞采购环节的漏洞,减少采购风险。

【咨询】如何避免或减少坏账损失?

【解答】企业应当在制定商品或劳务等的定价原则、信用标准和条件、收款方式等销售政策时,充分发挥会计机构和人员的作用,加强合同订立、商品发出和账款回收的会计控制,避免或减少坏账损失。

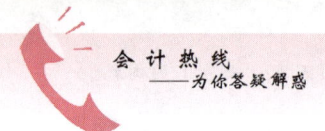
【咨询】如何降低成本费用?

【解答】企业应当建立成本费用控制系统,做好成本费用管理的各项基础工作,制定成本费用标准,分解成本费用指标,控制成本费用差异,考核成本费用指标的完成情况,落实奖罚措施,降低成本费用,提高经济效益。

【咨询】不相容职务包括哪些?

【解答】不相容职务主要包括:授权批准、业务经办、会计记录、财产保管、稽核检查等职务。

【咨询】存货业务有哪些不相容岗位?

【解答】包括以下岗位:

1. 存货的采购、验收与付款。

2. 存货的保管与清查。

3. 存货的销售与收款。

4. 存货处置的申请与审批、审批与执行。

5. 存货业务的审批、执行与相关会计记录。

【咨询】我知道财务管理的重要性,可是具体做的时候,不知道应该管什么,在学校学习的时候,只知道有很多的公式,怎么应用啊?

【解答】有什么账目就管什么项目。比如现金管理、应收账款的管理,存货的管理,固定资产的管理,成本和费用的管理,上升到宏观,包括财务预算、投资管理、筹资管理、营运资金管理、利润分配等。企业需要做什么,你把学的知识,也就是那些公式,应用到实际中。

套用公式是可以算出结果的,但结果只是简单的数据,要学会横向对比、纵向对比,才能制定企业目标,做好财务预算,做出有价值的财务分析,达到财务管理的目的。

今天晚上我都快睡下了,接到了一个女生的电话,她说以前给我打过电话,觉得我很贴心,想跟我聊聊。

我一听立马没了困意,倾听她的心声。

她告诉我,她交了一个男朋友,相处 3 个月了,她为他付出了很多,但没有得到回报。

我的第一反应是,她挂了他的应收款,很可能要坏账。

我很想安慰她说"真爱,不求回报",又觉得有点冠冕堂皇,便改口道:"不抱希望,就不会失望。"

话一出口,觉得有失水准,谁交男朋友不是抱着成功的希望。

只听对方说:"我现在只有借方发生额、没有贷方发生额,觉得心里不平衡。"

我顺着刚才的思路,给她出招儿:"你可以做坏账处理。"

她比我更明白:"那我岂不亏啦!"

说完我俩都笑了。

听见她的笑声,我知道她的目的达到了。

有时候一个人觉得压抑,就把心里话说出去,压力会减轻不少。

第二节　外界业务

会计不是只局限在记账上,虽然现在很多的业务可以通过网络进行处理,但还是要与相关管理部门打交道。

一、与开户银行沟通

每个企业都要在一家银行开户,进行转账业务,银行是为企业服务的。

【咨询】银行是怎么赚钱的?

【解答】商业银行与企业一样,只不过它们经营的是货币,是以存、放款为主要业务获取利润的。

【咨询】企业成立后怎么去银行建户?

【解答】开户需要准备下列原件:

1. 营业执照正本。

2. 代码证正本。

3. 税务登记证。

4. 法人代表身份证。

5. 代理人身份证原件、授权委托书。

6. 企业公章,预留印鉴。

其实上述资料是人民银行审批时需要的,专业银行全权办理。

【咨询】我们企业要贷款,老板说要我陪酒,这是必需的吗? 我是女的,刚工作半年,又不懂酒桌上的规矩,我有点怕。

【解答】老板的用意可能是大家认识一下,利于办事,你不要多虑。

你是女孩子,酒桌上也没那么多的约束,规矩对你来说意义不大,能喝就喝点,不能喝也别勉强,一切顺其自然就好。

【咨询】银行贷款卡如何做年审?

【解答】银行贷款卡每年都审,1 年不审贷款卡会被暂停使用,2 年不年审将被注销,就不能办理贷款业务了。

年审时间一般是在第二季度,也有全年滚动年审的。

银行贷款卡的年审程序:

1. 取表:持贷款卡领取《贷款卡年审报告书》,有的城市可在网上下载电子表格自己打印。

2. 填表:填《贷款卡年审报告书》并签章确认。

3. 送审:借款人应提交下列材料,送到人民银行办理审验手续:

(1)经工商部门年度年审合格的《营业执照》副本及复印件,事业单位提供《法人证书》原件及复印件。

(2)《组织机构代码证》原件及复印件。

(3)《国税登记证》、《地税登记证》原件及复印件。

(4)有效的《基本账户开户许可证》原件及复印件。

(5)法定代表人、总经理、财务负责人等高级管理人员、经办人身份证件复印件。

(6)上年度资产负债表、利润表和现金流量表。

(7)经办人身份证件复印件并出示原件。

不同性质的企业所需的资料略有不同。

【咨询】网上银行怎么操作？

【解答】登录所属的开户银行网站，点击"企业网上银行登录"按钮，选择数字证书，输入密码，选择对账单位，点击"账户对账"，阅读对账须知后，点击"提交"，选择对账账号，选择余额对账"平"，对账结束。选择"不平"后点击"提交"，输入证书密码点击"确定"，进入明细账户，进行查阅。

【咨询】贴现是怎么回事？是怎么算的？

【解答】贴现，就是贴息兑现。

比如，我们收到一张商业汇票，期限是 3 个月，老板想早点拿到钱，就把一张汇票交给银行换钱。银行也是做买卖的，它们要收取利息，然后把剩余的票款付给企业。

贴现计算公式：

贴现利息 ＝ 票据到期值 × 贴现利率 × 贴现天数

贴现金额 ＝ 票据到期值 － 贴现利息

二、与税务机关沟通

税务机关是为国家征收税金的，主要职责包括税务管理、税收征收、税收检查、税务违法处理、税收行政立法等。

【咨询】听说税务机关来查账我就头大，怎么办？

【解答】按理说，只要企业照章纳税，就没什么怕的。关键是有多少企业能遵纪守法？就算主观不想违法，客观上也有不合规的因素。就像司机一样，一不留神就被罚。因此，为了避免头大，别去违反税法。

【咨询】我刚工作，听说税务人员挺黑的，我怎么办？

【解答】有的税务人员利用职务之便，通过会计向企业索要财物。你听说的"黑"指的是这个吧。

的确，有的个别税管员缺乏职业道德，哪个行业都有这样的人，会计不必放在心上。

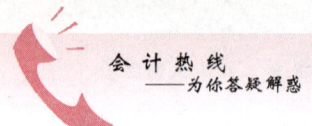

如果工作中遇到勒卡的事情,你也不能单方面地回绝或者答应,要向你的上级主管领导反映,这些事由他们决定比较好。

【咨询】最近税务机关的人总找我,不是办事,就是找事,听见他们的电话我心里就打鼓。老板总让我出面与他们拉关系,我该怎么做?

【解答】你先站在他们的角度看,人家是国家税收的监管者,到企业查税是他们的工作。每年他们也有征收任务,没有成绩他们也脸上无光,显得工作无能。反过来说,如果你依法行事,心里还打什么鼓啊?

老板让你拉关系,意思是表示一下吧,也算正常。朋友之间还有人情往来呢,何况有利害冲突的关系户呢,老板是深谙此道的。

具体怎么做,我不敢乱指挥,说点会计要做到的吧。

首先你的账要依法处理,走得端、行得正;其次要了解税务人员的工作方式和工作形式,做到有备无患。这样,以后税务机关来查账的时候,你的心里就有底了。

【咨询】我办理完营业执照,接着就要办理税务登记吧? 需要哪些手续?

【解答】税务登记需要准备下面的材料:

1. 营业执照副本原件及其复印件。

2. 组织机构代码证书副本原件及其复印件。

3. 住所使用证明原件及其复印件(自有房产用产权证或土地使用证原件及其复印件,租赁的场所,要提供出租人的产权证明的复印件、租赁协议原件及复印件)。

4. 公司章程复印件。

5. 验资报告。

6. 法定代表人(负责人)居民身份证及其复印件。

7. 财务负责人与办税人员的身份证、从业资格证原件及其复印件。

8. 当地税务机关要求报送的其他资料。

【咨询】每年税务机关都要到企业检查吗?

【解答】不一定,税管员也许例行公事,会监督和督促企业纳税;税务稽

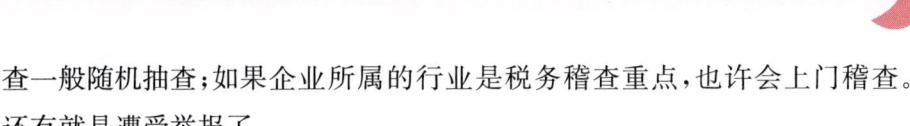

查一般随机抽查;如果企业所属的行业是税务稽查重点,也许会上门稽查。还有就是遭受举报了。

【咨询】企业注销了,税务上要怎么办理注销手续?

【解答】先办理国税的注销手续,然后办理地税的注销手续。

首先要填写《纳税清算申请表》,税务机关要上门查账,该交的税金都补齐后,才允许你办理注销手续。

接着要填写《注销税务登记证明》,写上"注销原因"。然后缴销发票,交回税务登记证正副本、发票购买本,最后层层签字审批。

今天晚上我去会计班上课,下课的时候,有两个学生跟我同路,我们边走边聊。

其中一个女生说,他们公司因为租房没有发票,税管员让补发票呢,正犯愁呢,问我怎么办。

另一个男生说,跟我们公司一样,租房也没发票。我跟老板说了,没有发票不能在税前抵扣。老板一听急了,怪我怎么不早说,现在向房东要发票,还能要来了吗? 气死我了。

我跟他们说,房租没有发票肯定不行的,一是让房东去代开发票,二是自己去代开发票,不然的话,税务机关按市场价给企业核定租金,更被动了。不是每个老板都懂税法的,但是税法规定的事情,作为会计要跟老板说清楚,让他们重视起来,自己的工作也好做。

三、与工商部门沟通

工商部门的主要职能是审定、批准、颁发有关证照,监督企业的经营行为,维护市场交易秩序,保护消费者的合法权益,查处合同欺诈行为,查处广告违法违章行为。

【咨询】我们老板说最近要增资,可能要我去做。增资的流程是什么?

【解答】需要准备的材料:

1. 同意增资的股东会决议。

2. 修改《公司章程》里关于增资的条款,形成书面材料。

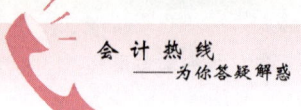

3. 增资的验资报告。

然后到工商部门办理增资手续,重新打印营业执照。

增资后,还要变更税务登记,还有机构代码证。

【咨询】办理什么的时候,需要提交以下资料:验资报告,公司章程,会计报告,房屋租赁合同,会计凭证,营业执照,税务登记证,公章。

【解答】正常情况下,去办一件具体事务的时候,你要了解需要带的资料,而你知道带这些资料却不知道做什么……我倒很想知道这是书里的习题,还是想打探什么事情?

【咨询】我们企业想变更经营范围,需要变更营业执照吗?

【解答】需要的,变更的时候要准备下面的材料:

1. 关于要求变更经营范围的请示。

2. 投资者签署的协议书。

3. 董事会决议。

4. 修改《公司章程》里有关经营范围的条款,形成书面材料。

5. 其他所需的材料。

【咨询】企业的经营期限到了,想继续经营,怎么做?

【解答】这叫"变更经营期限",一般是指在经营期限届满了才申请变更,也就是延长经营期限,提前1个月提出申请就可以了。

准备的材料:

1. 关于要求变更经营期限的请示。

2. 投资者签署的协议书。

3. 董事会决议。

4. 修改《公司章程》里有关延长经营期限的条款,形成书面材料。

【咨询】企业的营业执照需要年检吗?

【解答】工商部门为了加强对企业的经营管理,每年的3月1日到6月30日都要对经营者的执照进行年检。现在很多省份已经开通了"内资企业网上年检系统",无需提交纸质的材料,方便了办事人员,提高了办事效率。也有一些地方不做年检了。

【咨询】每年的工商执照年检，主要检查什么？

【解答】在你填的《公司年检报告书》里就知道"检"的内容了：

1. 公司的名称、住所、法人代表是否有变更的情况。

2. 公司的注册资金是否有抽逃行为。

3. 经营期限是否到期。

4. 检查前置行政许可证件是否有效。

5. 股东、董事、监事、经理是否变更。

6. 分公司的情况。

7. 公司是否清算。

8. 对外投资情况。

9. 资产负债以及损益情况。

【咨询】我是今年年初接手的会计，昨天我在网上做工商年检，可是我按去年的年检报告填资产负债表后，电脑提示我与去年年检数不符，什么原因啊？

【解答】可能是去年最后报送的数据有变化，也有可能他们录入的数据出现了错误。你可以去工商局调档查一下，核对后再回来填这张表。

【咨询】申请分公司需要准备什么资料？

【解答】成立分公司比成立总公司简单：

1. 填写《分公司设立登记申请书》，法人签字，公司盖章。

2. 填一份《指定代表或者共同委托代理人的证明》，需要有相关人的身份证件复印件。

3. 公司章程。

4. 公司营业执照副本的复印件。

5. 分公司营业场所使用证明（房照复印件、租房协议）。

6. 分公司负责人的任职文件及身份证件复印件。

7. 分公司经营范围中所需的前置证明（相关许可证）。

具体办理的时候，工商部门会告诉你所需的资料。

【咨询】工商执照怎样年检？

【解答】现在都在网上年检了,年检时间:个体户网上验照时间为每年1月1日至5月31日,企业网上年检时间为每年自3月1日至6月30日。

打开本省工商局网站,点击网站主页"网上年检"栏目,进入"网上年检系统"。用密码登录后,在线填报年检材料。然后点击"年检报告书确认"按钮并保存,提交成功后,即自动上报。

几天后,再次登录网检系统,点击"(预)审核情况"查看年检(预)审核结果。如果(预)审核被驳回,你要根据(预)审核意见进行修改,修改完毕再次提交,再获得网上年检预审核。

年检预审核通过后,打印"年检报告书"和"企业年检指定代表或者委托代理人的证明",由法定代表人(负责人)签字并加盖企业印章,带着下列材料:

1. 年检报告书。

2. 营业执照副本。

3. 企业指定的代表或者委托代理人的证明。

4. 经营范围中有属于企业登记前置行政许可经营项目的,提交加盖企业印章的相关许可证件、批准文件的复印件(须带原件备查),并注明"与原件一致"。

5. 企业法人提交上年度资产负债表和损益表。

6. 企业有非法人分支机构的,提交分支机构的营业执照副本复印件(加盖企业印章,并注明"与原件一致")。

7. 国家工商行政管理总局规定要求提交的其他材料。

然后到企业登记机关办理年检审核手续。

【咨询】一个小规模纳税人,半年多都是零申报,工商年检的时候会通过吗?

【解答】不会通不过的,只要达到了工商机关的要求,他们不管税务上的事情。

【咨询】现在我们企业规模由大变小,企业想减资,能否直接做如下会计分录入账呢?

借：实收资本

　　贷：银行存款

【解答】企业不能擅自变更，需要到工商机关办理减资手续。等发放了变更后的营业执照再做会计处理，你的分录做得没错。

【咨询】组织机构代码证年检的时间？应提交什么材料？

【解答】年检时间在每年的 3 月份之前。需要提交下面这些材料：

1. 申领组织机构代码证基本信息登记表。

2. 组织机构代码证书正、副本及 IC 卡。

3. 法定代表人（负责人）有效身份证原件及复印件。

4. 企业公章。

5. 经办人身份证原件及复印件。

【咨询】我家里开了一家公司，我去当会计，现在需要写一份《公司章程》，要怎么写呀？工商局的人同意代理，需要 300 元，我不舍得。

【解答】我以前给公司写过一份，你拿去做参考吧。

四、与中介机构沟通

与会计接触最多的中介机构就是会计师事务所。

【咨询】会计师事务所是做什么的？

【解答】会计师事务所是指依法独立承担注册会计师业务的中介服务机构，委托承办审计、会计、咨询、税务等方面业务，跟企业关系最密切的业务是公司成立前的验资、审计年度财务报表。

【咨询】我刚被招进企业，可是这个公司还没成立，老板说要先验资，让我去办理相关手续，我没经验啊。

【解答】我有经验。

验资准备的材料：

1.《企业名称预先核准通知书》复印件。

2. 投资者身份证、名章。

3. 自有房屋的产权证复印件或者房屋租赁合同。

4.《公司章程》。

5. 投资者的银行存账单。

6.《银行询证函》。

7. 注册资金2‰的验资费用。

注册公司的程序：

1. 先到工商局核准名称,查验通过后,他们会给你打印一份《企业名称预先核准通知书》。

2. 到会计师事务所领取一张《银行询征函》。

3. 带着《企业名称预先核准通知书》、《银行询征函》、投资者身份证,去银行开办临时账户,把投资者的投资款存入验资账户。

最好存到企业将来要建立基本账户的银行,免得转行挺麻烦的。

4. 拿着验资银行开具的现金缴款单和银行盖章的《银行询征函》,如果有实物出资,还要准备资产评估报告。带上《企业名称预核准通知书》、《公司章程》、租房合同或者房产证复印件,到会计师事务所办理验资。交上一笔验资费后就等着出验资报告了。

5. 接到验资报告,就可以去工商局办理营业执照了。

上述每到一处都要缴纳手续费,别忘了带足现金。

【咨询】我听别人说工商年检的时候要会计师事务所出具审计报告,我们公司也需要审计吗?

【解答】你是什么公司呢?因为各省的要求不一样,所以你到工商局咨询一下,报上你公司的性质和规模,看是否需要审计报告。

我个人觉得,相对日常业务的核算,结转损益是最简单的,平时只有两步,需要预交所得税的时候,再多出两步。前提是损益类的账务是准确的。

突然,一个宝宝的可爱笑声响起来,一声高过一声,笑得那么有感染力,大家跟着嘴角向上循声望去。

只见中间位置有个女生站起来,边说"对不起"边拿着手机快步走出教室。

妈妈笑眯眯地说:"别羡慕他,我们小时候都那么笑过。"

有个男生感叹着:"长大就不好玩儿了。"

妈妈说:"眼下你们把会计玩儿好了,以后工作就好玩儿了。"随后她说:"好了,今天就玩到这儿吧。"

那个男生接茬儿:"明天接着玩儿。"

"会计热线"每天就这样重复着,为了给咨询者一杯水,我要准备好几桶水备着,保证供大于求。

今天不早了,明天见喽!

 **我的故事**

怎样把学和用有机地结合起来,一直困扰着会计毕业生。

记得当年我满怀热情地走上工作岗位,突然发现在学校学的内容太少了,不够用了。

比如,教材里没讲怎么纳税,而实际上每月都要进行;老师没教月初做什么月末做什么,而实际每个月都有序地轮回;书本上没写怎么装订记账凭证,而这是我接触的第一项工作;还有太多的"没"……

渐渐地我发现在学校学的很多知识在工作中遇不到,于是我又感叹:学的东西,没用。

后来有了会计职称全国统一考试,我开始投入复习。

这个时候,我对一些模棱两可的问题恍然大悟。原来在实际工作中很多业务都是学过的,当时只知道机械地背,过后就忘了,工作后我把书本知识丢在一边,把学的和用的活生生地分家了。

经过这次理论、实践、再理论、再实践的过程,我的业务水平发生了飞跃。

我觉得当会计,应该先工作后学习,这样进步才更快。还有,工作后,要懂得"干中学",把学过的知识堆积成整体,让散沙变成沙雕作品,你就成了艺术家。

记住:接触的业务越多,工作经验越丰富。